数据安全时代

智能网联汽车数据安全监管与政策体系

主　编：张永伟
副主编：张新红
参　编：张　健　梁嘉琪　贾　浩　张　强　于渤涵
　　　　李亚娟　姚子钰　安宜贵　邱鹏君　杜根旺
　　　　吴胜男　朱云尧　莫佳雯　鞠伟男　王　珏
　　　　宋世平　尚　进　丛　炜　仇　春　宋炜瑾
　　　　陈　旭

机械工业出版社
CHINA MACHINE PRESS

本书是中国电动汽车百人会联合中国信息化百人会、中国汽车工程研究院股份有限公司共同研究课题"智能网联汽车数据安全监管体系与政策体系"的研究成果，通过专题研究的形式，在对比美欧日等国家或地区智能网联汽车数据安全政策、法规监管体系的基础上，从监管和产业两个层面梳理了我国智能网联汽车数据安全管理的八大问题并提出建议。全书分为总括篇、监管篇和产业篇，主要内容有汽车数据安全管理的新需求与新阶段；汽车数据监管体系；跨境合规、测绘数据、数据确权、分类分级等法规标准建设进展；汽车数据安全技术发展与企业管理情况等。

本书适合智能网联汽车相关政府管理部门工作人员，整车企业、零部件企业及安全企业等相关工作人员参考学习，也适合消费者了解汽车数据安全相关知识。

图书在版编目（CIP）数据

数据安全时代：智能网联汽车数据安全监管与政策体系 / 张永伟主编. —北京：机械工业出版社，2023.9（2024.9 重印）
ISBN 978-7-111-73588-5

Ⅰ. ①数… Ⅱ. ①张… Ⅲ. ①汽车-智能通信网-数据处理-安全技术 Ⅳ. ①U463.67

中国国家版本馆 CIP 数据核字（2023）第 137682 号

机械工业出版社（北京市百万庄大街22号 邮政编码100037）
策划编辑：母云红　　　　　责任编辑：母云红　丁　锋
责任校对：龚思文　梁　静　责任印制：单爱军
北京虎彩文化传播有限公司印刷
2024年9月第1版第2次印刷
180mm×250mm·11.75 印张·1 插页·170 千字
标准书号：ISBN 978-7-111-73588-5
定价：99.00 元

电话服务　　　　　　　　　网络服务
客服电话：010-88361066　　机　工　官　网：www.cmpbook.com
　　　　　010-88379833　　机　工　官　博：weibo.com/cmp1952
　　　　　010-68326294　　金　书　网：www.golden-book.com
封底无防伪标均为盗版　　　机工教育服务网：www.cmpedu.com

前　言

本书是中国电动汽车百人会联合中国信息化百人会、中国汽车工程研究院股份有限公司共同研究课题"智能网联汽车数据安全监管体系与政策体系"的研究成果。

如今，在路面上行驶的车辆中，具备L2级及以上辅助驾驶功能的汽车越来越多，仅2022年上半年，我国L2级辅助驾驶汽车的市场渗透率就超过30%。智能网联汽车的一个重要特征就是具备了"自我进化"的能力，数据驱动汽车功能进化、服务创新，软件保障数据采集、处理。在"数据决定体验，软件定义汽车"的趋势下，智能网联汽车的数据体量正快速跃升，每日产生的数据量达到TB级，随之而来的"云－管－端"安全风险及其影响范围呈扩大态势。数据安全成为继功能安全、预期功能安全、网络安全之后的第四大安全监管重点。完善的智能网联汽车数据安全监管体系与政策体系是发挥我国海量汽车数据规模优势、激活数据要素潜能的重要基础，有助于推动汽车数据安全合规地流通与使用，以充分发挥数据对自动驾驶、智能座舱等技术发展的促进作用，引导互联网科技、金融保险等不同行业的企业利用数据开发更多赋能智能网联汽车发展的产品及服务，加快我国智能网联汽车产业发展进程。

本书通过专题研究的形式，在对比美欧日等国家和地区数据安全政策、法规监管体系的前提下，从监管和产业两个层面梳理了我国智能网联汽车数据安全管理的八大问题并提出建议。

数据安全管理与汽车监管体系融合问题。 当前我国汽车监管主要关注生产准入、强制认证等事前管理，而数据管理更注重从采集到销毁的全生命周期安全。在数据安全管理与汽车监管体系融合的过程中，存在管理思维从"硬件为主"向"软硬结合"转变难、部门间监管业务重叠交叉且缺乏有效协同等问题。需要明确现阶段汽车数据安全管理应遵循的基本原则，明晰部门间各自具体的责任划分和任务分工，并建立部门协同工作机制，提升汽车数据管理效能。

国内外法规、标准差异带来的双重合规问题。 近年来，全球主流国家纷纷出台数据安全、隐私保护法律法规，各国数据安全、隐私保护的监管侧重点不同且评估标准不统一。我国汽车企业在加强国际市场战略部署的过程中，同一类型的产品因需要出口到不同的国家和地区，会面临国外法长臂管辖和国内法域外适用带来的双重合规问题，落地难度较大。我国数据安全管理要与国际接轨，应积极培育全球合作生态，夯实数据标准互认基础，建立数据信任对等机制，为我国汽车产业国际发展奠定基础。

汽车测绘地理信息使用管理问题。伴随着汽车智能化发展，测绘地理信息在智能网联汽车中的应用范围逐步扩大，高精度地图绘制以及自动驾驶技术环境感知、行为决策、姿态控制和算法升级等高度依赖影像数据、卫星导航定位、惯性导航、激光雷达点云数据等地理信息数据。但汽车采集和使用的测绘地理信息很容易涉密涉敏，一旦泄露，将影响国家安全。当前汽车行业应用测绘地理信息仍面临缺乏细化指导、审图效率低、缺乏协同管理导致资源浪费等问题，需要出台汽车领域测绘地理信息合规指南，提升审图效率，并引导多方合作，推动测绘地理信息在汽车行业的应用。

汽车数据安全标准体系建设问题。工业和信息化部发布的《车联网网络安全和数据安全标准体系建设指南》为车联网网络和数据安全提供了标准框架，但接近87%的标准还处于未发布状态，且汽车数据异常行为监测、数据处理和技术要求等多项数据安全标准仍处于空白状态，很难为产业网络、数据安全落地提供操作性指引。需在满足产业长远发展需求的前提下，坚持"急用先行"原则，推动行业标准和团体标准的研制，并为国家标准的制定提供参考。后续标准落地应以汽车企业为突破口，带动上下游企业标准对接和配套。

汽车数据分类分级问题。我国的汽车数据分类分级工作已取得一定进展，出台了一系列标准及规范文件，对汽车数据特点、产生流程、分类分级方法、防护手段及对策等方面均有所覆盖。但现阶段各类标准规范的编制思路和框架不统一，且普遍存在前瞻性不足、欠缺动态发展空间、对部分数据界定不够清晰具体、安全防护措施与实际监管脱节等问题。需要明确汽车数据分类分级思路及原则，制定协调一致的汽车数据分类分级规范指南，促进国家标准体系的建立。

汽车数据权责划分问题。汽车数据在产生、采集、传输、存储过程中涉及产业链多方主体，上下游企业均需获取汽车数据用来迭代自身技术、优化产品性能。传统法律框架无法支撑汽车数据权责认定，落实和追踪汽车数据权责配套的技术和机制不健全。当前汽车数据相关应用和管理实践还处于初级阶段，需要从法律层面明确汽车数据所有权，围绕不同数据处理的场景和环节，细化汽车数据管理各方主体责任，确立产业链上下游企业联动权责关系。

数据安全防护技术上车问题。智能网联汽车具有高速移动和空间受限的特点，受攻击面更广，攻击点更多，安全防护难度更大。互联网安全防护技术已发展得比较成熟，部分领先技术已开始引入车端，但更多是单点防护，车端计算资源有限、加密算法不适配、车内通信缺乏安全机制，以及车辆外部接口众多等制约着全方位数据安全防护体系的建立。应加快汽车安全防护技术标准制定与更新，加强公共服务平台建设，强化汽车数据安全监测评估服务，推动底层安全技术发展，以提升汽车整体安全防护水平。

企业建设汽车数据安全管理体系问题。目前汽车产业链各方主体数据安全管理体系建设程度参差不齐，部分企业数据安全管理体系还流于形式且彼此独立，部分零部件供应商甚至未配齐数据安全团队。造成这一现象的原因有多个方面，包括法规具体条款要求不明确、标准和指南等实施文件缺失、汽车产业链缺乏对软件及数据的管理经验、企业内各部门协调难度大等。需要进一步补充、细化数据安全管理监管要求，加快制定数据安全管理体系建设指导细则及相关标准，为企业提供切实可行的实施路径。

智能网联汽车数据安全管理涉及行业生态体系的各个环节，为充分发挥数据安全管理效能，需要充分调动行业整体的责任意识，联合构建汽车生态体系协同推进的数据安全管理工作体系。协同政府、行业组织、上下游企业共同参与，发挥各自的作用，进一步完善监管体系、明确政策法规、协调机构配合、指导企业实践，形成"政府指导、行业协同、企业践行"的全面协同治理模式。

本书在编写过程中，听取了左晓栋、张东、朱雷、刘权、王弢等专家提出的宝贵意见；在调研工作中，得到了"智能网联汽车数据安全监管体系与政策体系"课题组企业的支持，在此一并表示感谢。

本书内容为编者独立观点，仅供参考，不代表其他方的任何观点和立场。由于编者水平有限，部分内容存在时效性，书中难免有欠缺和疏漏之处，恳请广大读者提出宝贵意见。

编 者

目录

前言

总括篇

第一章 汽车数据安全管理新需求
一、汽车数据内涵快速拓展，数据规模快速跃升 / 002

二、汽车数据安全风险"亮红灯" / 003

三、数据是智能网联汽车发展的生命线 / 008

四、平衡汽车数据安全管理和技术创新的意义 / 009

第二章 汽车数据安全管理新阶段
一、国内汽车数据安全管理初见成效 / 011

二、美欧日数据安全管理各具特色 / 026

三、国内外数据安全管理对比 / 039

监管篇

第三章　监管体系
一、汽车监管体系发生变化 / 046
二、数据安全与汽车监管体系融合存在难题 / 048
三、健全汽车数据安全监管体系 / 052

第四章　跨境合规
一、跨国汽车企业数据合规面临双重监管压力 / 054
二、国内外数据双重合规对企业发展的影响 / 060
三、汽车企业数据跨境传输如何过"安检" / 066
四、缓解汽车企业数据安全双重合规压力的策略 / 071

第五章　测绘合规
一、测绘地理信息数据与智能网联汽车的相互关系 / 073
二、国内测绘地理信息政策法规要点解读 / 075
三、世界主要国家测绘地理信息管理比较 / 077
四、测绘地理信息在汽车行业应用面临的难题 / 081
五、促进测绘地理信息在汽车行业的应用 / 085

第六章　标准建设
一、汽车数据标准建设最新进展 / 088
二、企业落实法规条例缺乏标准指导 / 093
三、推进数据安全标准有效落实的策略 / 099

产业篇

第七章　数据分类分级
一、智能网联汽车数据分类分级的意义 / 104
二、智能网联汽车数据分类分级进展 / 105
三、智能网联汽车数据分类分级指南 / 110

第八章　数据确权
一、汽车数据安全权责划分现状 / 115
二、尚未规范各方汽车数据处理主体权责的原因 / 120
三、明确汽车数据权责的策略 / 121

第九章　安全技术
一、互联网时代已积累丰富的数据安全防护经验 / 127
二、成熟的数据安全技术正逐步上车 / 131
三、车端引入互联网数据安全技术的难题 / 136
四、推动数据安全防护技术上车的策略 / 145

第十章　企业管理
一、企业数据安全管理体系建设进展不一 / 148
二、企业建设汽车数据安全管理体系面临的难题 / 149
三、企业建设数据安全管理体系指南 / 153

附录

附录 A 汽车数据分类分级全景示例 / 156

附录 B 世界主要国家/组织宏观数据安全政策法规汇编 / 160

附录 C 世界主要国家/组织涉及汽车领域数据安全的政策法规汇编 / 165

附录 D 我国汽车领域数据安全标准汇编 / 168

参考文献 / 174

数据安全时代
智能网联汽车数据安全监管与政策体系

01

总括篇

伴随汽车智能化、网联化发展，摄像头、激光雷达、毫米波雷达等越来越多感知硬件上车应用，汽车数据的定义和边界加快扩展，数据类型极大丰富，数据规模快速跃升，汽车逐渐成为信息采集与数据交互的重要终端。充分利用好这些汽车数据，能够极大地推动智能座舱、自动驾驶等技术进步，优化汽车智能化功能并提供个性定制化服务，推动汽车产业盈利结构从制造向更高价值的软件和服务转移。但价值往往与风险并存，汽车数据安全问题的影响范围呈扩大态势。据统计，过去5年，全球汽车行业因网络攻击造成的损失超5000亿美元，安全风险主要来自"云－管－端"三方面。其中，云端潜在的不安全接口、未授权访问、系统漏洞等安全隐患可能会导致敏感信息泄露；数据传输也存在内外部双重风险，车内面临CAN报文被篡改和伪造、通信总线阻塞导致无法及时反馈风险等安全问题，车外通信网络传输时的通信链路面临窃取或攻击；伴随车端软件代码数量增加，安全漏洞风险日益扩大。

汽车数据安全不仅与个人隐私保护密切相关，还是交通安全的重要外延，更是国家安全的重要防线。基于此，各国针对汽车数据安全管理提出明确要求，但相关监管机制、政策、法规建设进展和内容不一。相比之下，我国初步建立了汽车数据安全管理体系基本框架，在国家层面出台的一系列网络安全与数据安全政策与法规基础上，各主管部门陆续发布了若干指导意见和标准规定，对汽车相关企业履行数据安全和个人隐私保护义务做出明确要求，包括汽车企业数据安全保护义务、汽车数据合规使用原则、数据安全技术保障能力等。整体上看，各国亟须围绕智能网联汽车的特点，进一步完善数据安全的监管体系与政策体系。

第一章
汽车数据安全管理新需求

一、汽车数据内涵快速拓展，数据规模快速跃升

过去汽车主要收集车辆运行数据、行驶轨迹数据等，是车辆检测、维修和事故判责的重要依据。如今，为了更好地实现汽车智能化功能，摄像头、激光雷达、毫米波雷达等越来越多感知硬件开始上车应用，产生数据的数据类型、数据规模大幅增加。

1. 汽车数据定义和边界正在变化

传统燃油汽车一般会收集汽车事件数据记录系统（Event Data Recorder，EDR）记录的车辆碰撞前后数据、车辆诊断（On-Board Diagnostics，OBD）系统记录的监测车辆运行状态和汇报异常的数据，具体包括车速、温度、加速踏板位置、空调等各类设备的工作数据，以及车辆故障信息、车辆地理位置、车辆排放信息等。

而智能网联汽车采集的数据越来越丰富，定义和边界正在拓展。智能网联汽车数据具体分为三大类：第一类是环境感知数据，即车辆行驶时通过摄像头、激光雷达等感知硬件采集的二维、三维图像信息，如交互环境数据（标牌、标线等）、地理环境数据（建筑、桥梁等）、交通行人数据（车牌、行人等）；第二类

是车内感知数据,即通过车内摄像头和传感器直接获取的驾驶状态、车机系统、车载总线等数据,以及由多个传感器组合定位形成的行驶轨迹数据;第三类是车云、车车、车路交互过程中产生的数据。

2. 汽车产生的数据体量正在变化

随着汽车上搭载的感知硬件越来越多,车端的电子信息设备增多,产生的数据量快速增长。根据 Gartner 统计,一辆智能网联汽车每天至少产生 4TB 数据量,每年约产生数百 PB 数据量。据华为预测,自动驾驶研发阶段,单车每日会产生近 10TB 数据量,在商业落地阶段,车辆不会像测试车那样没日没夜地跑,但每日仍会产生近 2TB 数据量。据车百智库统计,预计 2025 年,L2 级以上辅助驾驶汽车每年产生数据量将超过 1 万 EB(图 1-1)。

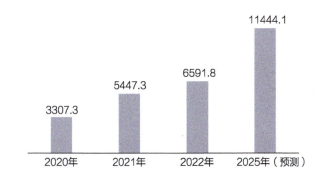

图 1-1 L2 级以上辅助驾驶汽车每年产生的数据量(单位:EB)

注:数据来源于中国电动汽车百人会车百智库研究院。

由于测算口径不同,各机构统计的智能网联汽车产生的数据量各不相同,但都证明了汽车已逐渐成为信息采集与数据交互的重要终端。

二、汽车数据安全风险"亮红灯"

1. 汽车数据安全风险日益凸显

汽车智能化、网联化打开了原有车内域、车间域、交通域、车云域的边界,打破了汽车控制系统原有的封闭生态，汽车数据将面临来自"云–管–端"三方面的安全风险。

一是车端软件代码数量呈指数级增长，加大了车辆安全风险。智能网联汽车代码数量已是传统汽车的4~5倍，且仍在不断增长（图1–2）。智己L7的软件代码行数为2.8亿行，特斯拉Model S更是超过4亿行。据统计，每千行代码可能引入4~6个安全缺陷，会极大地增加车辆入侵风险。例如，汽车数字身份漏洞会引起黑客攻击隐患，汽车网关、充电系统、智能钥匙、外部进程、3G/4G网络等通信接口不断增多，且存在错综复杂的传输介质、协议等，导致汽车面临的攻击范围更大且受攻击点的数量更多，数据安全防护难度较大。

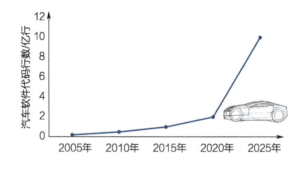

图 1-2 汽车中软件代码行数变化

注：数据来源于麦肯锡，由中国电动汽车百人会车百智库研究院整理。

二是云端具有潜在安全隐患。智能网联汽车单天产生的数据量达TB级，在车端存储资源的制约下，云端成为汽车数据的最佳汇集点。但云平台潜在的不安全接口、未授权访问、系统漏洞等安全隐患可能造成敏感信息泄露或被滥用，不法分子甚至可通过伪造、篡改指令及数据内容等方式非法控车，危及用户人身安全和公共交通安全。

三是数据交互、数据共享等车内外传输过程也存在信息泄露风险。车内数据传输主要根据功能进行编码，按照报文ID进行标定和接收过滤，通信网络很容易受到嗅探、窃取、伪造以及篡改等攻击威胁。但在通信协议中引入安全隔离、数据加密等防护技术，会造成较大时延，增大智能网联汽车行驶的安全风险。如何在数据安全传输的前提下降低通信时延，是亟待突破的技术难题。

2. 汽车数据安全问题影响巨大

据 Upstream Security 公司统计，2011—2021 年，全球共发生 900 余起针对智能汽车的攻击，其中 87.7% 威胁到车辆数据/代码（图 1-3）。过去 5 年，全球汽车行业因网络攻击造成的损失超 5000 亿美元（图 1-4）。近年，大众、丰田、通用等汽车企业也均公开表示有不同规模、不同类型的数据遭泄露，其中涉及用户、研发等敏感数据（表 1-1）。随着汽车智能化、网联化的深入和应用场景不断丰富，智能网联汽车数据安全问题的影响范围呈扩大态势，一旦智能网联汽车数据遭到攻击、窃取、滥用，会给国家安全、交通安全和个人隐私安全造成重大影响。

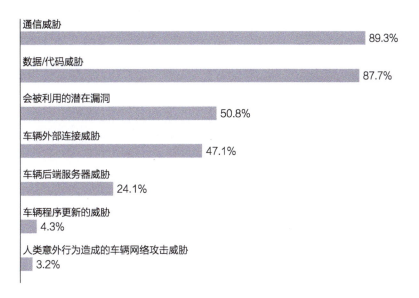

图 1-3 2011—2021 年汽车网络安全事件威胁和漏洞分类

注：数据来源于 Upstream Security，由中国电动汽车百人会车百智库研究院整理。

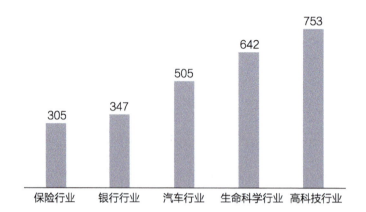

图 1-4 过去5年全球不同行业因网络攻击造成的损失（单位：10亿美元）

注：数据来源于 Upstream Security，由中国电动汽车百人会车百智库研究院整理。

表1-1 2021—2023年部分车企数据泄露事件

时间	数据泄露事件
2023年1月	某汽车企业被窃取近200GB敏感数据，包括数据库访问、CICD访问、Atlassian访问问、域访问、API、PAC安全访问、员工名单、密钥和系统文件等
2022年12月	某汽车企业部分内部员工数据以及2021年8月之前部分的用户基本信息和车辆销售信息遭泄露
2022年12月	某汽车企业13万条车主数据在暗网遭公开
2022年10月	某汽车企业销售管理平台源代码被 Against The West 黑客组织公开
2022年10月	某汽车企业车载信息通信服务系统导致大约29.6万条客户信息遭泄露
2022年8月	某汽车企业超过200万条数据遭泄露
2022年6月	某汽车企业销售数据在暗网被售卖，数量级据称达到179万条
2022年5月	黑客通过在线移动应用程序获取了某汽车企业部分客户的个人信息，包括姓名、邮箱地址、邮寄地址、电话、安吉星所订阅的套餐、个人头像、搜索历史等
2022年3月	黑客入侵某汽车企业系统并窃取了近7GB内部数据，可能涉及部分用户数据，包括姓名、地址、电子邮箱和电话号码
2021年6月	某汽车企业近330万名客户或潜在买家的数据遭泄露，包括姓名、地址、手机号码、邮件及部分驾照号码、车牌号码、贷款号码等

注：数据来源于公开资料，由中国电动汽车百人会车百智库研究院整理。

(1) 智能网联汽车数据安全是国家安全的重要防线

汽车在行驶过程中采集的建筑、路桥等环境感知数据，结合位置轨迹数据能刻画出精准地理位置信息，将成为关键敏感目标等地理坐标数据泄露的新风险点。特别是大量车外视频、图像数据汇聚后能分析出区域人流、车流、物流等信息，可分析挖掘特定区域活动规律，存在国家重要信息安全隐患。

"黑客"能通过隐蔽手段将窃取到的重要数据、敏感数据转移出境，通过对这些数据进行挖掘分析，将可能产生包括核心人员轨迹泄露、军事基地暴露、研发数据泄露、国家战略行动规划泄露等一系列问题。尤其在大国博弈持续加剧的今天，数据作为国家重要的生产要素和战略资源，一旦出现问题会带来潜在国家安全隐患。

(2) 智能网联汽车数据安全是交通安全的重要外延

智能网联汽车很多功能的运行和控制高度依赖于操作系统，"黑客"可能通过 Wi-Fi、蓝牙等通信模块逆向入侵并控制车辆部分功能，如弹出安全气囊、操控窗户、打开车门等，从而造成重大交通事故。例如，2022 年 8 月，上海有很多车主车内显示屏出现"路上有枪战"的交通警告提示，很可能是黑客攻击所致。伴随着汽车集成化程度越来越高，车辆动力系统也可能遭到非法入侵，导致汽车的动力、转向等被非法控制，危害更大。

另一方面，在车路协同模式下，一旦路侧感知设施控制数据被恶意攻击、篡改，相当于给汽车制造了"海市蜃楼"，可能导致车辆自动驾驶系统误判，对个人安全和道路交通秩序造成影响。

(3) 智能网联汽车数据安全与个人隐私保护密切相关

对于车内，座舱摄像头、传声器（俗称麦克风）等传感器会集成大量个人特征精确的生物识别数据，还涉及用户登录信息和应用服务数据等，这类数据如果遭到泄露、非法共享，极易造成监听和身份盗窃等风险，从而影响个人的人身、财产安全。

对于车外，远视和环视摄像头也在持续获取周围行人、车牌等信息，也和个人隐私安全息息相关。

三、数据是智能网联汽车发展的生命线

1. 推动技术进步

智能网联汽车产业生态中，高精度地图绘制、自动驾驶软件算法开发、智能座舱个性化升级、驾驶行为监测都需要依靠庞大的数据量支撑，包括但不限于高清影像数据、卫星导航定位数据、激光雷达点云数据、驾驶人行为数据等。

例如，解决自动驾驶技术极端工况下的个案算法难题，需要海量个案数据再辅以机器学习技术进行算法训练。企业对车外环境数据进行标注再汇集成场景库，能达到优化车辆仿真测试的效果。数据成为推动汽车智能化发展的关键驱动力。

2. 优化产品服务

一方面，汽车企业能通过收集车辆运行过程中的实时数据，加以分析后调整车辆规格和功能配置，设计出更符合新一代消费者用车需求的智能网联汽车产品。例如，基于数据，汽车企业可以按照用户使用频率对汽车功能进行排序，既有助于设定未来汽车功能研发的优先级，也可以帮助企业调整新一代产品的功能配置。同时，通过对数据进行分析，汽车企业可以快速定位现有问题的根本原因，在新车中予以优化，并加速现有车辆召回。

另一方面，汽车采集的全生命周期数据是政府、企业改善现有服务、开发新服务的重要依据。例如，市政部门依托车辆传感器数据识别路面坑洼以改善行驶体验；保险公司基于客户驾驶风格、行驶路线更好地制定保险费率。在车辆的全生命周期服务中，无论是自动驾驶研发与应用、车辆远程诊断与升级、智能车控等车辆相关服务，还是用户运营、二手车、车辆保险等衍生服务，数据资源都作

为核心资产贯穿始终⊖。

3. 创新商业模式

汽车的属性正逐渐从单一交通工具向多元的"移动生活空间"变化,将衍生出更多软件订阅、服务订阅等新商业模式。据安永预测,2025 年,软件、服务将占中国汽车消费价值链的 31%,2030 年将上升至 41%。企业通过对汽车用户数据进行分析,能挖掘用户运营的持续价值,为用户提供更多个性化软件服务和内容服务,使汽车从过去"一锤子买卖"的商业模式向软件、服务订阅的持续商业模式转变,加速商业模式创新。

未来,汽车很可能以接近成本的价格销售,车企通过后续车辆运行和软件功能等持续获利。数据将推动我国汽车产业盈利结构从制造向更高价值的软件和服务转移,促进经济效益提升。

四、平衡汽车数据安全管理和技术创新的意义

智能汽车数据安全正处于技术创新的早期阶段,体系不健全、标准不完善等问题是产业发展初期的常态。在此形势下,产业发展容易"一管就死,一放就乱",但如果没有数据安全做保障,智能网联汽车就如同"沙滩上的楼房",一推就倒。长远来看,安全是为了更好地发展,需要进一步把握政府监管与技术创新、产业发展间的"平衡点"。

1. 提高智能网联汽车行业内生发展动力

我国拥有全球最大的汽车市场,2022 年,我国汽车保有量已达 3.19 亿辆,超越美国居全球首位。同年,我国智能汽车保有量也达到千万量级。由此带来庞大的汽车数据网,对这些数据进行合理开发、利用将是我国汽车智能化、网联化

⊖ 来源于安永《智能汽车云服务白皮书》。

走在世界前列的关键。

构造合理的数据安全管理体系，一方面可以有效推动数据流通、使用，以充分发挥数据对我国自动驾驶、智能座舱等技术发展的促进作用；另一方面能引导互联网科技、金融保险等不同类型的企业参与其中，对数据进行合理开发，推出更多智能网联汽车相关产品及服务，加快我国智能网联汽车发展进程。

2. 降低智能网联汽车行业外部竞争阻力

智能网联汽车的竞争不仅是国内竞争，更是全球化竞争，汽车电动化、智能化赋予我国汽车企业与国际汽车巨头正面竞争的机会，新技术迭代和用户体验创新就是竞争的决胜点。要尽可能平衡我国与其他国家的汽车数据采集和使用要求，促进我国自动驾驶、智能座舱、高精度地图等技术进步，缩短我国汽车企业与国外企业之间的技术差距，加快我国技术发展进程。

例如，特斯拉2012年进入中国，在我国数据安全法律法规密集出台之前，已经获取了大量数据以帮助其自动驾驶技术迭代。特斯拉在全球总销量超过300万辆，除了在中国的50万辆汽车关闭了数据采集功能外，还有约250万辆在全球各地采集数据，且销售量逐年攀升，收集的海量数据帮助特斯拉迭代汽车智能化技术和产品。而我国对汽车数据采集管理较为严格，可能导致我国汽车企业获取数据的规模和特斯拉有较大差异，导致其发展不在一个基线上。应立足全球视角，参考各国汽车数据安全管理要求以完善我国汽车数据的管理，使我国汽车企业与国外企业能在同样的约束要求下进行技术竞争和发展。

第二章
汽车数据安全管理新阶段

一、国内汽车数据安全管理初见成效

1. 政策法规要求逐渐清晰

我国已经从国家层面到行业层面初步形成了一套完整的数据安全政策法规管理体系，用于指导汽车数据安全管理，以保障汽车产业安全、健康、有序发展。

（1）国家层面：我国初步形成数据安全领域政策法规体系

1）多项政策加码数据安全，为数据安全管理和防护提供指导。我国对数据安全的重视程度不断提升，多项政策均提出要加强数据安全防护和管理，为安全领域的技术发展和深化应用提供了宏观指导（见附录B）。

从2017年开始，国务院就发布了《关于促进移动互联网健康有序发展的意见》，开始关注数据安全，其中提出要制定关键信息基础设施安全、大数据安全等网络安全标准。

2022年1月国务院发布的《"十四五"数字经济发展规划》指出要提升数据安全保障水平，建立健全数据安全治理体系，研究完善行业数据安全管理政策。同时，着重提出要建立数据分类分级保护制度，研究推进数据安全标准体系建设，规范数据采集、传输、存储、处理、共享、销毁全生命周期管理，推动数据使用者落实安全保护责任。

2022年4月,中共中央、国务院出台《关于加快建设全国统一大市场的意见》,再次提出要建立健全数据安全、权利保护、跨境传输管理、交易流通、开放共享、安全认证等基础制度和标准规范,推动数据资源开发利用。

2022年12月,中共中央、国务院发布《关于构建数据基础制度更好发挥数据要素作用的意见》,为我国数据要素的长远发展提供基础性的"指南针",从总体要求、数据产权、数据流通和交易、收益分配、数据治理、保障措施六方面构建数据基础制度,充分实现数据要素价值。

2023年2月,中共中央、国务院印发《数字中国建设整体布局规划》,明确数字中国建设按照"2522"的整体框架进行布局,即夯实数字基础设施和数据资源体系"两大基础",推进数字技术与经济、政治、文化、社会、生态文明建设"五位一体"深度融合,强化数字技术创新体系和数字安全屏障"两大能力",优化数字化发展国内国际"两个环境"。

2)数据安全法律框架基本形成,约束和指导行业开展汽车数据安全合规工作。在多项国家政策支持下,《中华人民共和国网络安全法》(以下简称《网络安全法》)、《中华人民共和国数据安全法》(以下简称《数据安全法》)、《中华人民共和国个人信息保护法》(以下简称《个人信息保护法》)等上位法陆续出台,构建了我国数据安全领域完整的基础性法律体系,为国家重要数据保护和各行业数据安全监管提供制度参考和法律依据。

《网络安全法》规范了网络数据安全保护行为,为落实汽车数据安全防护奠定基础。在汽车网联化、智能化发展背景下,智能网联汽车成为重要防护对象,通过对其网络安全进行监管和防护,可有效保障车联网数据安全。《网络安全法》明确提出实行网络安全等级保护、用户信息保护、网络安全监测预警和信息通报等制度,要求关键信息基础设施的运营者在中华人民共和国境内运营中收集和产生的个人信息和重要数据应当在境内存储,标志着我国网络安全工作有了基础性的法律依据,也为智能网联汽车数据安全防护提供了制度基础。《网络安全法》实施的5年是我国网络安全产业发展的黄金时期,催生了等保合规、密码保护、漏洞管理等一系列产品和服务，为汽车数据安全防护提供了技术发展的土壤。

但随着近些年数据安全热点事件的出现，包括数据泄露、数据非法采集、勒索病毒、个人信息滥用等事件频发，仅靠《网络安全法》中对数据安全管理的要求已远远不够，需要单独出台一部针对数据安全保障的法律来加强相关监管。

《数据安全法》明确了数据安全监管体系和制度框架，为落实数据安全保护提供了工作指引。《数据安全法》填补了我国数据安全保护立法的空白，确立了中央国家安全领导机构统筹协调，横向上各地区"块块"属地管理、纵向上各行业主管部门"条条"监管，以及公安、国安、网信部门各司其职的数据安全监管体系（图2-1）。《数据安全法》提出了数据分类分级，数据安全风险评估、报告、信息共享、监测预警，数据安全应急处置，数据安全审查，数据出口管制，对等反制"六大制度"（图2-2），标志着我国建立起较为完整的数据安全监管体系和制度框架，为后续数据安全法规条例的制定和出台提供了基础依据，也为各监管部门开展汽车数据安全监管、汽车企业落实数据安全防护提供工作指引。

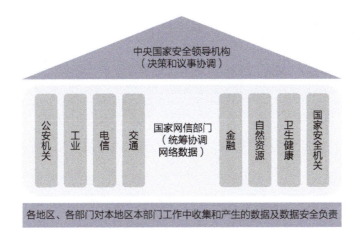

图 2-1 数据安全监管体系架构

注：信息来源于北京信百会信息经济研究院，由中国电动汽车百人会车百智库研究院整理。

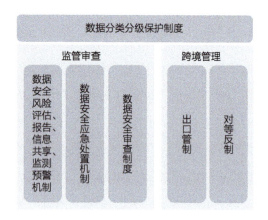

图 2-2 数据安全制度架构

注：信息来源于北京信百会信息经济研究院，由中国电动汽车百人会车百智库研究院整理。

《个人信息保护法》的出台为汽车个人信息保护设立法律"红线"。《个人信息保护法》出台以前，我国个人信息保护管理条例分散于不同法律法规之间，缺乏全面、系统的规定。而该法律出台之后明确了统一的个人信息定义，对不同类型个人数据的处理规则和跨境规则进行了说明，明晰了个人信息处理者的义务，提出应实施分类分级管理、采取加密等安全措施、制定应急预案、遵循数据采集"最小化"等要求和原则。在《个人信息保护法》引导下，监管部门将加强企业对个人信息采集处理行为的合规审查，汽车数据安全法规条例将以此为基础进行细化和延伸，为汽车行业划定个人隐私保护"红线"，确保技术和产品合规发展。

3）针对具体管理事项的数据安全法规条例陆续出台，为汽车产业落实个人数据和重要数据安全管理提供指引。在三部上位法基本框架下，《关键信息基础设施安全保护条例》《网络数据安全管理条例（征求意见稿）》《网络安全审查办法》《数据出境安全评估办法》等法规条例陆续推出，为进一步细化数据安全保护工作提供指引。

明确数据分级，细化个人信息和重要数据的处理要求。《网络数据安全管理条例（征求意见稿）》将数据划分为一般数据、重要数据和核心数据三级，并将涉及100万人以上的个人信息提升到与重要数据相同的水平。同时指出对个人信息和重要数据进行重点保护，对核心数据严格保护，也对重要数据和个人信息在处理过程中应履行的职责、处理规则提出了细化要求，包括重要数据备案的内容、数据安全评估的要求、征得个人同意的要求、删除个人信息的要求以及对个人合理请求的响应义务等。车联网平台运营主体和汽车企业在处理重要数据和个人信息时，要严格依据规定要求，采取必要的安全保护措施，避免出现违规行为。

明确重要数据和个人信息出境条件，为汽车数据出境提供指引。《网络数据安全管理条例（征求意见稿）》《数据出境安全评估办法》均明确了重要数据和个人信息出境条件（图2-3）。重要数据出境必须通过安全评估。个人信息出境可以通过以下途径：一是通过国家网信部门组织的安全评估。关键信息基础设施运营者和处理100万人以上个人信息的数据处理者向境外提供个人信息，或者自上年1月1日起累计向境外提供10万人个人信息或者1万人敏感个人信息的数据处理者向境外提供个人信息，需要采用此种处理方式。二是通过国家网信部门认定的专业机构进行的个人信息保护认证。三是按照国家网信部门制定的关于标

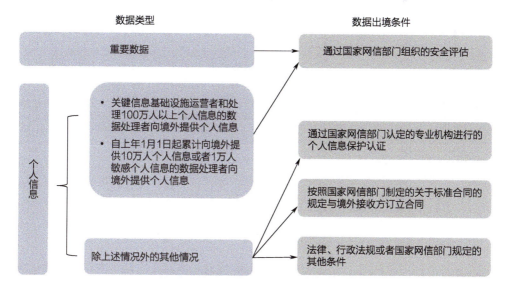

图 2-3 重要数据和个人信息出境条件

注：信息来源于北京信百会信息经济研究院，由中国电动汽车百人会车百智库研究院整理。

准合同的规定与境外接收方订立合同，约定双方权利和义务。四是法律、行政法规或者国家网信部门规定的其他条件。在我国汽车国际化进程加速的背景下，传统汽车企业和造车新势力企业纷纷"出海"，汽车企业和车联网平台要对自身数据进行梳理，综合考虑数据出境类型、重要数据出境必要性、个人信息需要出境的情况、数据脱敏等问题，确保数据合法合规出境。

(2) 行业层面：政策法规对汽车行业数据安全给予明确指导

1）数据安全纳入汽车发展战略规划，主要从政策法规、管理体系和支撑保障体系三方面发力。在国家政策法规的指导下，聚焦汽车领域，数据安全也被纳入《车联网（智能网联汽车）产业发展行动计划》《智能汽车创新发展战略》《新能源汽车产业发展规划（2021—2035年)》等产业发展战略规划，明确要从政策法规体系、安全管理体系和支撑保障体系三方面发力，加强汽车数据安全管理体系建设（图2-4），以保障汽车产业安全、健康、有序发展。

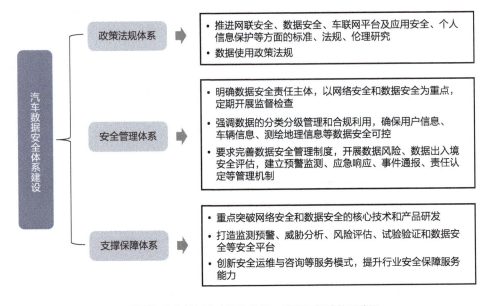

图 2-4 汽车数据安全聚焦政策、管理和保障体系建设

注：信息来源于北京信百会信息经济研究院，由中国电动汽车百人会车百智库研究院整理。

数据安全宏观指导将成为未来汽车产业发展瞄定的重要方向。《车联网（智能网联汽车）产业发展行动计划》《智能汽车创新发展战略》均强调，要积极推进汽车网联安全、数据安全、车联网平台及应用安全、个人信息保护等方面的法律、标准、伦理规范等研究与制定，加快完善适应智能网联汽车发展的数据使用政策法规。中国汽车工业协会发布的《"十四五"汽车产业发展建议》也提出加强政策、法规、标准体系建设，为汽车数据安全防护提供完善的顶层框架，提升监管能力和规章制度的落地成效。

逐步健全数据安全管理体系，形成覆盖全生命周期的安全管理机制。我国已形成基础性的数据安全管理体系建设要求，主要聚焦以下三个方面。

一是要求明确数据安全责任主体，统筹数据安全监督举措落地。数据安全责任主体不仅要监督企业内部的数据合规活动，还肩负着统筹推进数据安全各项举措落地并持续稳定运行、及时发现并纠正动态隐患的重要职责。明确数据安全责任主体的权利与义务后，能更好地推进数据安全合规建设。《智能汽车创新发展战略》和《车联网（智能网联汽车）产业发展行动计划》均指出，要明确相关主体的安全保护责任和要求，以网络安全和数据安全为重点，定期开展监督检查，确保汽车数据安全第一道防线的建设。

二是强调数据的分类分级管理，提升数据合规利用的精准性和可操作性。分类分级是数据使用管理和安全防护的基础。目前，《智能汽车创新发展战略》明确提出要实行重要数据分类分级管理，《新能源汽车产业发展规划（2021—2035年）》也提出要强化新能源汽车数据分级分类和合规应用管理，确保用户信息、车辆信息、测绘地理信息等数据安全可控。

三是建立完善的数据安全管理制度，实现数据全生命周期安全可控。为确保数据合规无死角、不缺位，《智能汽车创新发展战略》《新能源汽车产业发展规划（2021—2035年）》《车联网（智能网联汽车）产业发展行动计划》均对数据安全管理制度建设进行了具体规定，指出要建立覆盖全生命周期的安全管理机制，开展数据风险、数据出入境安全评估，建立预警监测、应急响应、事件通报、责任认定等管理机制，有效保障各数据处理环节的安全可控。

指导技术和服务发展，提升汽车数据安全保障能力。数据安全在产业侧的落地需要瞄准共性诉求，夯实数据安全技术和配套服务能力，以达到事半功倍的效果。从当前产业发展规划内容看，主要从技术、产品、平台、服务四方面发力，包括重点突破网络安全和数据安全的核心技术研发；支持安全防护、漏洞挖掘、入侵检测和态势感知等系列安全产品研发；打造监测预警、威胁分析、风险评估、试验验证和数据安全等安全平台，提升隐患排查、风险发现和应急处置水平；强化网络安全和数据安全防护，创新安全运维与咨询等服务模式等。

2）汽车数据安全行业法规逐步完善，为汽车数据有序使用提供框架指导。在一系列汽车数据安全行业政策的指导下，汽车数据安全的各项法规紧密出台（见附录C），构筑了兼顾宏观指导和微观落实的法规体系，全面推动汽车安全防护进入数据安全监管时代。

汽车数据安全管理法规兼顾数据安全要求与汽车行业特性，仍需进一步结合汽车全生命周期进行细致考量。以《数据安全法》《个人信息保护法》对数据安全管理、个人信息保护的要求为基础，国家互联网信息办公室（简称国家网信办）、国家发展和改革委员会、工业和信息化部、公安部和交通运输部5部门联合发布《汽车数据安全管理若干规定（试行）》，该规定结合汽车行业特性，对上位法进行了细化和补充，明确了汽车行业重要数据的范围、汽车数据处理的四大倡导原则等，为汽车数据安全管理提供了方向。

《汽车数据安全管理若干规定（试行）》明确将汽车数据定义为涉及汽车设计、制造、销售、使用、运行和维护等汽车全生命周期的个人信息或重要数据（图2-5）。开展汽车数据处理的主体均是被监管对象，涵盖汽车企业、上下游零部件厂商和与汽车业务相关的互联网企业等全产业链企业。而汽车产品不同于其他消费电子产品，其生命周期普遍在10年以上，在这样相对较长的时间周期内落实数据安全工作，更需要监管体系围绕汽车全生命周期进行细致考量（图2-6）。根据汽车不同生命阶段、不同场景的需求和特点，制定数据安全管理要求，便于对汽车从设计到销毁的全生命周期内监管数据安全合规情况。

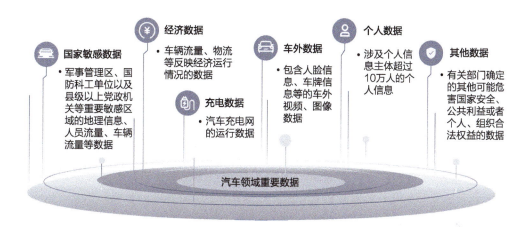

图 2-5 《汽车数据安全管理若干规定（试行）》中的汽车领域重要数据范围

注：信息由中国电动汽车百人会车百智库研究院整理。

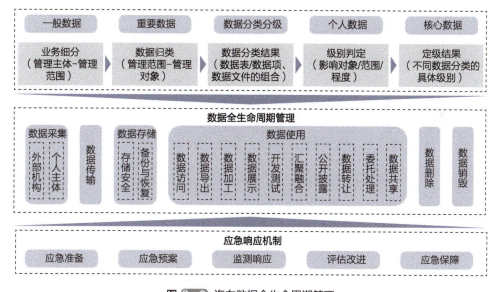

图 2-6 汽车数据全生命周期管理

注：信息来源于上汽集团、北京信百会信息经济研究院，由中国电动汽车百人会车百智库研究院整理。

测绘和地图管理法规条例相继发布，为汽车行业合理使用测绘地理信息提供指导。地理位置信息主要指描述地表自然要素和人工设施的空间位置、时间变化和动态特征等属性的信息，关系到国家安全。2017年，《中华人民共和国测绘法》(以下简称《测绘法》)第二次修订,明确指出从事测绘活动必须具备相应等级资质证书,不能擅自发布重要的地理信息数据,互联网地图服务提供者要建立地图数据安全管理制度并采取安全保障措施。《测绘资质管理办法》《地图管理条例》《关于加强互联网地图管理工作的通知》《中华人民共和国测绘成果管理条例》《关于加强自动驾驶地图生产测试与应用管理的通知》《关于促进智能网联汽车发展维护测绘地理信息安全的通知》等相关法规条例,对测绘资质管理以及资质单位的数据采集、内容管理、保密管理、成果管理和利用等方面也进行了具体的规定。

《关于开展智能网联汽车准入和上路通行试点工作的通知(征求意见稿)》《关于做好智能网联汽车高精度地图应用试点有关工作的通知》等多份文件将高精度地图列为智能网联汽车应用的重要基础设施,其中包含的测绘地理信息数据是安全保护重点。

另外,《关于加强自动驾驶地图生产测试与应用管理的通知》《移动互联网应用程序信息服务管理规定》《关于开展汽车软件在线升级备案的通知》等规章制度聚焦空中下载(Over the Air,OTA)升级、自动驾驶地图、车联网应用程序等细分领域,也提出了数据安全保护和利用的具体要求。

2. 监管制度体系逐渐成形

围绕基本法制定的配套数据安全监管制度不断完善,提升了汽车数据安全保障能力,推动了智能网联汽车产业高质量发展。

(1) 国家层面:形成国家–行业协同监管体系,助力数据安全管理落地

1) 我国数据安全监管体系明确了国家、地区及各部门的主要职责。《数据安全法》明确指出,中央国家安全领导机构负责制定数据安全战略和方针政策,各省市对辖区工作中收集和产生的数据及数据安全负责。其中,国家网信部门负责统筹协调数据安全的监管,国家数据局负责协调推进数据基础制度建设、统筹数据资源整合共享和开发利用。工业、电信、交通、金融、自然资源、卫生健康、教育、科技等主管部门承担本行业、本领域数据安全监管职责。

公安机关、国家安全机关等也要在各自职责范围内承担数据安全监管职责。例如，按照《网络安全等级保护条例》与《关键信息基础设施安全保护条例》的要求，公安部负责指导监督关键信息基础设施安全保护工作以及网络安全等级保护制度执行。在重要数据泄露等特别重大的网络安全事件发生后，公安部还需要协同国家网信部门和行业主管及监督管理部门承担运营者上报工作的管理职责。

目前，行业机构也基于自身业务领域建立起不同的汽车数据管理办法和管理平台。例如，国家工业信息安全发展研究中心建设了工业信息安全监测预警网络、国家工业信息安全漏洞库（工业控制产品安全漏洞专业库），打造了工业信息安全应急处置工具箱，为地方政府、工业企业提供专业工业信息安全应急演练等服务，帮助地方、企业提升工业信息安全监测预警、事件预防和应急响应能力。中国网络空间安全协会建立了数据安全案例库，该案例库涵盖电子政务、云计算、大数据、医疗、互联网金融、生活服务、在线教育、电子商务、物联网等各类应用场景。以上数据管理办法和管理平台促进了我国数据要素市场健康有序发展，也促进了我国数据安全保护典型案例的推广和经验分享。

2）明确提出建立数据分类分级、事中监测、事后处置、安全审查、跨境管理等数据管理制度。《数据安全法》明确要求从数据分类分级、重要数据目录制定、安全风险评估和监测机制确立、应急处置机制、安全审查制度等角度建立数据管理制度，保证涉及国家安全数据及数据处理活动的安全性。另外，在数据跨境管理上，明确了对涉及国家安全与利益、履行国际义务相关属于管制物项的数据，依法实施出口管制，并保留了对其他国家或地区采取对等反制措施的条件，为我国跨国企业合规发展提供保障。

(2) 行业层面：汽车数据安全管理各部门间的协同机制尚未建立，难以形成监管合力

1）汽车数据安全监管体系初步搭建完成，尚待完善机制推动各方顺畅衔接。汽车数据安全管理涉及装备制造、交通运输、地理信息、国家安全等多个领域，

为确保监管无死角、无漏洞，推动监管工作的全面落实，汽车数据安全由国家网信办、国家发展和改革委员会、工业和信息化部、公安部、交通运输部、自然资源部等多个部门依照各自职责开展相应监管工作，已经形成覆盖多个部门的监管体系，但各个部门管理边界尚不清晰，存在流程交叉、重复验证等现象，还需进一步划分各部门的责任边界。

各部门管理职责明确，汽车数据安全监管工作有序展开。其中，国家网信办负责统筹协同，制定与发布数据安全相关法律法规，工业和信息化部负责汽车数据安全具体监管职责。工业和信息化部作为行业或领域数据安全的国家监管部门，负责督促和指导地方工信主管部门、通信管理局、无线电管理机构以及直属事业单位和协会等，开展汽车数据安全监管。工业和信息化部组织制定汽车领域数据分类分级、重要数据和核心数据识别认定、数据分级防护等标准规范，指导开展数据分类分级管理工作，制定行业重要数据和核心数据具体目录并实施动态管理。

其他管理部门依据自身职责范围进行汽车数据安全管理工作。如公安部负责车联网的网络安全等级保护的监督与管理，自然资源部负责测绘地理信息数据管理、车载电子导航地图资质管理和审图等工作（表2-1）。

表2-1 不同部门依据自身职责范围对汽车数据的管理

监管部门	数据安全相关管理职责
国家网信办	统筹协调汽车数据安全监管
国家数据局	协调推进数据基础制度建设，统筹数据资源整合共享和开发利用
工业和信息化部	汽车领域数据分类分级、重要数据和核心数据识别认定、数据分级防护等标准规范，指导开展数据分类分级管理工作，制定行业重要数据和核心数据具体目录并实施动态管理等
公安部	关键基础设施的数据安全、网络安全等级保护等
交通运输部	道路交通数据、道路基本信息、路侧基础设施产生的交通数据、网约车和货运车信息平台数据等管理

（续）

监管部门	数据安全相关管理职责
市场监管总局	OTA 升级包等数据管理
自然资源部	地理信息数据管理、测绘资质管理、地图审核等
国家保密局	涉密信息系统

注：信息来源于上汽集团、北京信百会信息经济研究院，由中国电动汽车百人会车百智库研究院整理。

在工作机制方面，汽车数据安全管理基本处于多部门共同治理的局面。各部门仍按照各自原有业务垂直进行监管，尚缺乏类似车联网领域的协同工作机制，不可避免地存在交叉管理问题，有待形成联合执法、有机联动的监管合力。

2）数据安全建设要求明确，为汽车数据安全监管制度细化提供方向。《智能网联汽车生产企业及产品准入管理指南（试行）》明确将数据安全作为产品准入的重要条件，要求企业满足实施数据分类分级、制定重要数据目录、具备数据安全保障能力、数据境内存储等要求，从事前准入环节规范了汽车企业数据安全合规建设。各法规、管理办法、条例也对车联网服务平台运营企业、零部件供应商、软件供应商、基础电信运营企业、导航地图服务提供商、车载应用服务提供商等产业链上下游相关主体在数据安全保护方面进行了规范，从而形成覆盖全产业链的数据安全监管体系（图 2-7）。

3）要进一步完善数据安全标准体系，以更好地推动管理制度落地，推动企业落实执行。2022 年 3 月，工业和信息化部发布《车联网网络安全和数据安全标准体系建设指南》，通过提出体系化的建设方案，为车联网产业的安全发展提供支撑。指南明确了中国车联网网络安全和数据安全标准体系的发展时间表以及阶段性任务，将车联网网络安全和数据安全标准体系划分为 6 大部分共 20 类标准，其中包括数据分类分级、出境安全、风险评估、安全监测与应急管理等方面，以期为数据安全管理制度的落地提供工具支撑。2023 年 7 月，工业和信息化部、国家标准化管理委员会联合修订印发《国家车联网产业标准体系建设指南

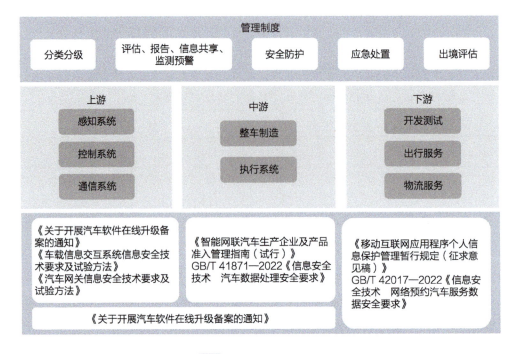

图 2-7 汽车全产业链监管体系

注：信息来源于北京信百会信息经济研究院，由中国电动汽车百人会车百智库研究院整理。

(智能网联汽车)（2023版)》，对汽车网络安全和数据安全现行标准、在研标准进行总结，并对未来标准工作重点做了明确指示。

标准体系建设与汽车数据安全监管需求间存在差距，需进一步细化内容，推动标准尽快出台。标准框架虽已形成，但在管理体系建设、安全审查、具体技术标准等方面仍有缺失，亟待完善，以形成对产业的实际操作指引。将《数据安全法》提出的"六大制度"与当前车联网数据安全标准体系内容对标（表2-2），可以发现汽车数据安全标准体系建设相对滞后，主要体现在以下两方面。

一是已规划的标准大部分仍处于未发布状态，还需经过实践检验。数据分类分级、出口管制等方面已设立了一些标准，但大部分仍处于待制定状态。例如，《智能网联汽车　数据通用要求》于2022年10月底开始征求意见，该标准对汽车数据安全管理体系、重要数据保护要求和分类分级都进行了详细规定，但具体指导效果还需经过产业实践。

二是大量关键数据安全管理制度未纳入当前标准体系。当前的数据安全标准体系尚未涵盖数据安全风险报告、信息共享、数据安全审查等制度，致使企业在落实法律规定的过程中缺乏具体的规范要求和操作指引。

表2-2 数据安全"六大制度"与数据安全标准体系内容对标

数据安全"六大制度"	数据安全标准体系		说明
数据分类分级保护制度	数据分类分级	车联网信息服务 数据安全技术要求	《数据通用要求》有详细要求，但尚未发布
		重要数据记录系统技术规范	
		智能网联汽车 数据通用要求	
数据安全风险评估、报告、信息共享、监测预警机制	风险评估	聚焦密码和网络安全风险评估	数据安全风险报告、信息共享标准缺失
	安全监测	聚焦密码技术标准和网络安全监测	
数据安全应急处置机制	应急管理	聚焦网络应急管理	处于待制定状态
数据安全审查制度	—		缺乏数据审查标准
数据出口管制	数据出境安全	数据跨境流动安全管理要求	数据出口管制要求相对完善，但都处于待制定状态
		数据跨境流动安全评估要求	
对等反制	—		对等反制不需要标准
—	通用要求	数据安全共享模型与规范、参考框架	数据安全标准体系在数据共享、个人信息保护、应用数据安全方面设定了部分标准，但不全面
		数据安全要求	
		数据保护密码应用安全	
		数据安全保护能力参考框架	
		个人信息保护	
		应用数据安全	

注：信息来源于北京信百会信息经济研究院，由中国电动汽车百人会车百智库研究院整理。

4）汽车安全领域试行沙盒监管制度，为数据合规下的技术发展提供可行路径。汽车数据安全已经形成覆盖多个部门的监管体系，管理部门也在积极试行汽车领域监管沙盒制度，试图通过监管制度创新为数据合规下的技术发展提供有力支撑。2022年4月，市场监管总局、工业和信息化部等5部门联合发文[一]，拟在汽车安全领域试行沙盒监管制度。汽车安全监管沙盒是在后市场阶段针对车辆应用前沿技术进行深度安全测试的机制，为数据合规下的技术发展提供可行路径。

一是沙盒监管为数据处理合规下的智能汽车发展提供了创新的训练场。企业可以在监管沙盒内测试数据采集精度和脱敏对车辆环境感知、智能决策、协同控制等功能的影响，以确定不同自动驾驶级别、不同场景需要的最低数据精度和能够承受的最高脱敏程度，为标准制定提供参考。

二是沙盒监管有利于推动新一代信息技术在汽车数据安全领域的融合应用。隐私计算、区块链等信息技术迁移到车端不是一蹴而就的，需要解决算力、数据接口、软硬件配套等诸多技术难点，也要根据不同场景的时延要求适配相应技术。沙盒监管提供了开放、包容的环境，有利于提前防范信息技术应用潜在的风险、预估对当前监管体系的冲击性并进行双向的调整，推动技术的创新发展。

二、美欧日数据安全管理各具特色

目前，各国都已颁布相对完善的数据安全法律法规，但聚焦汽车领域的数据安全管理体系依然存在管理盲点和难点，各国正在积极推进完善和解决。

1. 美国数据安全管理以"行业自律"为主要手段

（1）综合数据管理政策法规缺位，主要基于不同行业特性推出针对性法规

对于行业数据，美国主要从产业利益出发，坚持"以市场为主导、以行业自律为主要手段"的管理方式。对于个人隐私数据，美国正在积极推进联邦层面统

一 《关于试行汽车安全沙盒监管制度的通知》。

一立法，但相关法案仍未正式推出，目前以各州发布的本行政区域内隐私保护法案为主，进行消费者个人信息安全保护。

1）国家层面：政策法规主要以规范各部门数据管理、保护和共享工作为重点。美国形成了一整套规范各公共部门数据管理的政策体系，尤其注重在保证数据安全的同时，进一步激发政府公共部门数据价值潜力，更好地为美国民众服务。

2019年12月，美国白宫行政管理和预算办公室（OMB）发布《联邦数据战略2020年行动计划》，以政府数据治理为主要视角，描绘了联邦政府未来十年的数据愿景以及2020年需要采取的关键行动，目的是在保护安全、隐私和机密的同时，充分发挥美国联邦数据资产的潜力，加速数据对政府各管理部门管理效率、公众服务和资源管理的赋能。

2021年10月，拜登政府发布《联邦数据战略2021年行动计划》，在指导各机构应对共同的数据挑战的过程中，使用现有的协作渠道帮助实现人工智能广泛化应用，并提升联邦公民数据处理和使用技能。

2022年1月26日，OMB再次发布《联邦政府零信任战略》，旨在推动美国政府对网络安全采取"零信任"的方法，推进持续多因素身份认证、微细分、高级加密、端点安全等安全技术发展，降低联邦政府数字基础设施遭受网络攻击的风险。

行业管理部门作为管理机构，负责本行业数据的具体管理工作。当前美国没有统一的数据保护基本法，联邦层面采取分行业立法模式，在电信、金融、健康和教育等领域颁布了专门针对行业特性的数据保护法规，从而形成数据保护立法体系。例如，针对企业贸易行为的《联邦贸易委员会法》、电信领域的《电子通信隐私法》、医疗行业的《健康保险流通与责任法案》和金融行业的《金融服务现代化法案》等（见附录B）。

联邦层面逐步推进个人隐私数据的统一管理。2022年6月，美国众议院和参议院发布了《美国数据隐私和保护法案》讨论稿，该法案对管理制度进行统一设计，提出数据最小化原则、用户同意原则等规范要求，加强了个人的数据权利，也包含"选择退出"机制、有限的私人诉讼权、数据处理企业的忠诚义务等要求，兼顾了数据价值释放。

《美国数据隐私和保护法案》是美国首个获得两党两院支持的联邦隐私立法草案，虽然离正式成为联邦法律还有一定的距离，但反映出数字时代美国对数据隐私保护由分散走向统一的管理理念。

美国个人隐私保护仍以地方性立法为主。美国加利福尼亚州（简称加州）作为世界第五经济体，已成为全球 IT 产业龙头聚集地，为加强域内个人数据保护，加州议会通过《加利福尼亚州消费者隐私法案》（以下简称 CCPA）。CCPA 是美国首次对数据隐私领域的全面立法，具体表现在：一是 CCPA 对个人信息的定义进行了扩展，将主体扩大到"个人和家庭"，也将生物识别信息、网络浏览记录等纳入个人信息的范畴，并对消费者画像做出了规定；二是规范了适用范围，从企业根据消费者数据产生的年收入总额、收入占比以及采集的数据量等角度明确了受规范的主体；三是赋予消费者对其个人信息更多的控制权，主要包括数据披露请求权、数据删除请求权、选择退出权、公平服务权以及诉讼权等，以规范企业收集、使用、转让消费者个人信息的行为。

CCPA 作为加州的一部基础性法律，广泛适用于独资企业、合伙或有限责任公司或其他为盈利而组建的法律实体，并不局限任何特定行业，同样也适用于汽车行业，只要业务涉及加州域内的汽车相关企业都要遵守 CCPA 的管理要求。之后美国各州效仿加州，开始推出本行政区域内的隐私保护法案，对居民部分个人信息数据进行保护（表 2-3）。

表 2-3 美国各地区数据安全相关法律法规（部分）

地区	法案名称	发布时间	主要内容
加利福尼亚州	《加利福尼亚州消费者隐私法案》（CCPA）	2018 年	明确适用范围，扩展个人信息定义，强化消费者隐私权利保护，未成年人特殊保护
	《加利福尼亚州隐私法案》（CPRA）	2020 年	建立于 CCPA 的架构之上，参考欧盟的《通用数据保护条例》（GDPR），CPRA 对消费者的权利进行进一步扩充，同时对敏感信息做出定义，加大惩罚力度

(续)

地区	法案名称	发布时间	主要内容
纽约州	《停止黑客攻击和改进电子数据安全法案》（SHIELD 法案）（N.Y. Gen Bus. Law 899-BB）	2019 年	明确要求实体制定、实施和维护合理的保障措施，以保护私人信息的安全性、保密性和完整性
弗吉尼亚州	《消费者数据保护法》（CDPA）	2021 年	受 CCPA 和 GDPR 的启发，明确消费者享有自由选择出售个人数据以及允许使用个人数据进行定向广告或分析决策的权利
科罗拉多州	《科罗拉多州消费者保护法》（CPA）	2021 年	明确了消费者权利、适用范围、数据处理者的义务以及法案执行

注：信息由中国电动汽车百人会车百智库研究院整理。

2）行业层面：政策法规开始关注汽车数据安全，但仍缺乏专门的综合性行业法规。美国总统行政办公室和交通部发布了一系列促进自动驾驶汽车发展的政策，其中已经开始涉及数据安全的相关要求。2020 年发布的《确保美国自动驾驶领先地位：自动驾驶汽车 4.0》提出，保护用户和社区团体、促进市场高效运行和加强统筹协调三个层面的十大原则，包含保护隐私和数据安全相关的原则性要求（图 2-8），但是并未明确汽车数据管理细则。

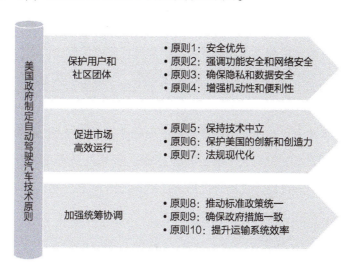

图 2-8 美国政府制定自动驾驶汽车技术原则

注：信息由中国电动汽车百人会车百智库研究院整理。

针对汽车领域，美国主要通过《电子通信隐私法》《加利福尼亚州消费者隐私法案》等行业法律法规及地方法案相关要求，规范汽车企业隐私防护方案和计划制定，但仍然缺乏汽车可收集数据类型、数据存储安防要求等细化的数据安全管理政策法规。

(2) 美国采用分散式监管制度进行数据安全管理

美国数据安全监管由各行业主管部门负责，个人隐私数据安全监管由联邦贸易委员会统筹负责，美国州级层面具有独立立法权，在颁布个人隐私数据法案的前提下，州级行政区域内数据安全监管由各州政府负责。

1) 行业数据：由联邦协调各行业主管部门共同管理各自行业的数据。在联邦层面，美国白宫行政管理和预算办公室下设的数据委员会作为政策协调机构，负责协调联邦数据战略的实施，数据委员会在各公共部门间组建了一个数据治理生态系统，协助解决跨部门潜在风险。之后通过联邦通信委员会（FCC）、证券交易委员会（SEC）、消费者金融保护局（CFPB）等具体的行业管理部门对数据保护进行引导和监督。

汽车行业数据监管也是在数据委员会的协调下，由美国交通部负责。例如，2021年9月，为了调查特斯拉Autopilot高级辅助驾驶系统在使用时撞向紧急车辆的事故，美国国家交通安全管理局（NHTSA）要求福特、通用、丰田和大众等12家汽车企业提供相关数据以协助调查工作，提供的数据包括在美国生产的搭载L2级辅助驾驶系统汽车的保有量、车辆总行驶里程、近期系统的改进和更新数据等，未能做出回应的汽车制造商可能面临最高1.15亿美元罚款。

2) 隐私数据：消费者个人隐私数据监管以联邦贸易委员会（FTC）为主，部分州隐私法案赋予州检察机关管理权利。美国联邦贸易委员会作为美国独立的执法机构，一直积极参与制定、修订和执行与隐私和数据安全有关的各种规定。在缺乏一般隐私立法的情况下，对于消费者个人隐私的监管主要由FTC负责，FTC有权对企业侵害消费者隐私的违法行为进行民事罚款，迄今已处理了数百起隐私和数据安全案件。

针对州级层面，部分州发布了适用于本行政区域的隐私保护法案，其行政区域内的消费者隐私数据监管工作由州一级的政府部门负责。例如，加州发布的CCPA提出，"数据经纪人"⊖需要向州检察长注册才能收集和处理消费者的个人信息，并且对于涉嫌违反CCPA的行为，加州居民可以向加州检察长报告。弗吉尼亚州和科罗拉多州两个州的隐私法案也借鉴了此项监管模式。另外，加州最新颁布的《加州隐私权利法案》提出创建美国第一个专门的数据保护机构"加州隐私保护局"，以更好地处理管理消费者个人隐私信息滥用的问题。

2. 欧盟数据安全管理尤其关注个人隐私保护

(1) 欧盟统一制定数据安全管理政策法规

欧盟数据安全立法以个人隐私数据保护为重点，将关于个人隐私保护的基本原则和具体保护规则都蕴含在数据保护法律中，逐步推动《数据法案》《数据治理法案》等一系列法规的制定，在保证数据安全的基础上，提倡数据共享和合理流动，促进数据价值发挥（见附录B）。

1）国家层面：倡导统一管理，优先关注个人隐私数据保护。欧盟一直致力于通过数字技术加强欧盟的基础设施整合和竞争力，统一欧盟内所有国家的数据安全管理能力。

例如，2020年，欧盟委员会发布《欧洲数据战略》和《人工智能白皮书》，均以构建健康共通的数据空间为目标。2021年，面对安全威胁日益复杂的内外环境，欧盟委员会出台《2030数字罗盘：欧洲数字十年之路》，进一步调整了对网络空间主权问题的认知，提出进一步加强监管、建立并维护欧盟的技术主权，以提高欧盟网络安全和数据安全防护能力。2021年，欧洲数据保护专员公署（EDPS）发布《2020—2024年数据保护战略》，明确了EDPS数据保护"前瞻性、行动性、协调性"三大核心任务，提出了未来5年欧盟层面统一的行动目标和实现路径，以重建数字社会信任，塑造更安全、更公平、可持续的数字欧洲。

⊖ 数据经纪人是指在政府的监管下，具备开展数据经纪活动资质的机构。

欧盟数据安全法规尤其关注个人数据保护，后期也开始重视数据的流通和使用。在数据安全相关政策指导下，2018年，欧盟发布《通用数据保护条例》（GDPR），GDPR作为隐私保护领域最权威和细致的立法，明确了数据控制者⊖与处理者⊜操作规范，给予用户对个人数据的完全自主权利，并对违规行为处以高额行政罚款。同时，GDPR域外效力也适用于非欧盟数据控制者和处理者。自此，欧盟对个人信息保护和监管达到了前所未有的高度。

违反GDPR规范会受到严厉制裁和巨额罚款，导致企业合规压力过大。GDPR采用固定罚款金额和上一个财政年度全球营业收入百分比两种罚款机制，两者中取数额大者（表2-4）。GDPR条款以全球运营者作为基数，即使在欧盟仅有少量运营，也有可能会受到大额罚款。2021年GDPR罚款高达11亿欧元，2022年更是罚款1019次，且总额超过15亿欧元。

表2-4　GDPR处罚规定

违法情形	固定金额区间	营业收入比
一般违法	≤1000万欧元	≤2%
严重违法	≤2000万欧元	≤4%

注：数据由中国电动汽车百人会车百智库研究院整理。

严苛的规定虽提升了个人数据保护力度，加强了企业数据保护责任，但也对技术发展造成重大负面影响，降低了欧盟企业竞争力。美国国家经济研究局（NBER）发布的《GDPR对科技创业投资的短期影响》提出，GDPR推行后，造成欧盟各国每周融资总额平均减少1390万美元，每笔融资交易金额平均减少39.6%，融资交易笔数平均减少17.6%，极大地影响了欧洲本土互联网企业的发展。在2021年全球收入排名前十互联网科技企业榜单上，没有一家欧洲公司上榜（表2-5）。

⊖ 数据控制者是指单独或与他人共同决定数据处理目的和方式的主体。其决定的是个人数据相关的处理目的和方式。

⊜ 数据处理者是指代表控制者处理个人数据的主体。可根据控制者指令确认能访问和处理的数据，纠正数据主体个人数据中的不准确之处。

表2-5 2021年全球收入排名前十互联网科技企业

排名	公司	国家	收入/亿美元	市值/亿美元
1	亚马逊	美国	2539.0	9723.4
2	谷歌	美国	1208.0	7910.1
3	京东	中国	672.0	419.9
4	阿里巴巴	中国	561.5	4321.2
5	脸书	美国	550.1	5754.3
6	腾讯	中国	446.7	4346.6
7	网飞	美国	158.0	1404.5
8	PayPal	美国	154.0	1004.0
9	缤客	美国	127.0	929.4
10	百度	中国	124.0	881.1

注：数据由中国电动汽车百人会车百智库研究院整理。

为更好地平衡数据安全与流动、使用，欧盟委员会公布《数据法案》，为智能设备、自动化生产线、自动驾驶汽车等产生的数据提供公平的访问和共享框架，明确企业到企业（B2B）、企业到政府（B2G）的数据流通措施，确定数据处理服务提供商的相关义务，推动数据市场更加开放。

2）行业层面：欧盟较早开始关注汽车数据安全保护，已具有一定储备。2011年，欧盟发布《欧盟一体化交通白皮书》，明确了未来10年的交通发展计划，重点关注车辆智能安全、交通安全管理以及信息安全发展。2018年，欧盟委员会发布《通往自动化出行之路：欧盟未来出行战略》，提出到2030年将会普及完全自动驾驶，并为自动驾驶提出数据接入和网络安全等新安全功能要求。欧盟网络安全局（ENISA）2019年底发布的《智能汽车安全的良好实践》提出智能汽车网络安全及隐私保护等问题的解决思路和框架，首次对自动驾驶汽车受到的威胁进行分类，并提出可行的防护策略。

欧盟率先将个人隐私保护细化至车联网领域，对个人隐私数据与汽车行业特性进行了适应性转换。欧盟出台的《车联网个人数据保护指南》阐明了欧盟电子隐私指令在车联网领域的适用问题，聚焦联网车辆和出行相关应用的个人数据处理，关注不同汽车数据保护风险并提供指导。

一是对联网汽车个人信息处理各环节进行了界定，并明确了数据主体、控制者、处理者和接收方的定义和职责。二是根据联网汽车特点将汽车相关数据分成地理位置数据、生物识别数据、揭露犯罪行为或其他违法行为数据三类。三是突出了使用联网车辆可能引发的风险，如缺乏对个人数据控制、用户同意权保障不充分、数据过度收集、定位技术对个人持续监控等风险，并针对位置数据收集、个人数据车外传输、数据本地化存储等提出建议。与我国对汽车数据安全集中在国家、交通和个人隐私三方面关注点有所差别，欧盟更多聚焦在联网车辆和出行相关个人数据。

欧盟对智能网联汽车产生的个人数据所涉及的各主体方定义、风险识别和防护措施均承自 GDPR，并针对汽车数据特点进行了适应性转换，更有利于对汽车相关个人数据进行精细化管理，方便后期以点带面地将经验向其他领域复用。

(2) 欧盟采用垂直管理体制进行数据安全监管

在 GDPR 指导下，欧盟成立欧盟数据保护委员会，确保 GDPR 在各成员国的统一适用。明确主要监管责任由数据控制者和处理者主要营业机构所在国的数据监管机构承担。

1）欧盟层面：欧盟形成了欧盟委员会、成员国、行业机构三级数据安全垂直管理体制。欧盟打造单一数据空间以消除成员国政策碎片化的问题，构建数据的保护与流动机制，形成欧盟委员会、各成员国以及行业机构三个层面的垂直管理体制。

欧盟委员会层面，设置数据保护委员会和数据创新委员会。数据保护委员会重点对数据保护进行监管，各国数据监管机构以数据保护委员会为平台，针对具体数据保护问题、数据保护经验等进行沟通，实现成员国在数据监管方面的紧密合作和信息共享。欧洲数据创新委员会以专家组形式成立，为跨部门战略和治理要求提供建议，并提供数据开放、数据共享服务等方面的经验。该委员会包含所有成员国主管部门代表、欧洲数据保护委员会、相关数据空间及特定部门其他主管当局代表。

成员国层面，各国设置独立监管部门，由一个或多个独立监管机构组成。各国数据主管部门的责任主要包括两个方面：一是维护欧盟和本国法律；二是对数据处理环节和测试技术提供相关技术支持。各成员国设置单一信息点，各方之间通过单一信息点公布数据资源信息、明确列出成员国需要进行本地化存储的数据，以及发布使用公共部门数据的义务和费用。

行业机构层面，各成员国大力发展第三方数据保护认证、测试、评估等专业机构来解决政府对企业不信任的问题，行业机构负责建立数据保护行业行为准则，并对符合数据保护标准的企业和机构进行认证、测试和评估。

2）行业层面：由欧盟统筹汽车数据安全管理，各成员国独立执行。欧盟汽车数据管理思路是将绝大多数智能汽车采集的数据都视为个人信息，并依据欧洲 GDPR 规定进行管理。监管制度与上述制度一致，由欧盟数据保护委员会和数据创新委员会进行统筹管理并设置具体要求，具体工作的执行由各成员国的监管机构开展。

例如，欧洲数据保护委员会发布《车联网个人数据保护指南》，阐释了车联网不同场景下的隐私保护、数据风险以及应对措施。德国联邦和州政府独立数据保护机构、德国汽车工业协会发布《使用联网和非联网车辆时的数据保护》联合声明，将车联网数据处理纳入《德国联邦数据保护法》《电信法》《德国社会保险法》等法规范畴，并进行后续监管工作的执行。

3. 日本采用"高层级集中策略"推进数据安全管理

（1）数据安全法规频繁迭代以适应产业新变化

日本借鉴美国和欧洲的数据安全防护理念，一方面，积极推进数据安全政策制定，统一推进数据安全能力建设，并构建起以《网络安全基本法》为基础、多部行业法规为指导的数据安全法律法规框架；另一方面，针对个人信息保护进行重点规范，并采取逐渐趋严的策略以更好地保护个人隐私数据。

1）国家层面：统一推进数据安全能力建设，数据安全管理趋严。日本政府在国家安全战略转型背景下积极推进网络安全和数据安全政策制定，从国内能力建设和国际合作方面，试图抢占主动权，塑造网络安全与数据安全领导者角色。

2021年3月发布的《第6期科学技术创新基本计划（2021—2025）》着重提出推进开放科学及数据驱动型研究，重要议题之一就是如何利用大数据和人工智能技术推进开放创新、数据驱动等高附加值、高影响力的研究活动，包括如何构建可利用的研究数据平台以管理和使用研究数据，如何在合作与竞争战略基础上促进数据共享和公开等。同年6月，日本发布《综合数据战略》，明确了数据战略基本思路，制定了社会愿景以及基本行动指南。2022年2月，日本内阁发布最新《网络安全战略》，明确"全体国民"数字化转型、促进网络安全与企业价值发挥、加强网络安全自主风险管理、应对网络安全与地缘政治风险四大战略方向。

日本采取统一综合性法规结合行业性分散立法的模式建立数据安全基本法律框架。日本在2003年就发布了《个人信息保护法》，重点保障公民信息安全，并明确个人与政府在个人信息领域的权责。2014年，日本批准了《网络安全基本法》，明确了网络安全的基本原则与法规要求，旨在加强日本政府与民间在网络安全领域的协调和运用，更好地应对网络攻击。后续逐步发布《电信事业法》《禁止未经授权的计算机访问法》等行业性法规，根据行业特性开展针对性数据安全和网络安全的管理工作，形成兼具统一指导和分行业执行的数据安全基本法律框架。

日本个人数据保护立法采用逐渐趋严策略。日本《个人信息保护法》于2003年正式制定，在2015年、2020年进行了较大幅度修订。

2015年修订版对适用对象定义与个人信息持有量进行解绑，变更为只要使用个人信息数据的经营者均应适用。此外，2015年修订版还规定，政府应结合国际动向、信息通信技术发展以及使用个人信息的新产业诞生和发展等情况，每三年讨论新个人信息保护法实施状况，并在必要时采取一定措施。

2020年修订版立法进一步趋严，具体表现在：第一，赋予用户更多权利，如用户拥有对其个人信息公开、更正、停止使用以及约束其个人信息处理场景等权利；第二，加重数据处理者义务，如数据安全事件并对个人权益造成损害的，应将事态报告给个人信息保护委员会及用户本人；第三，新增假名加工数据处理者的义务，假名化处理不可超出目的范围、在丧失必要性后应及时删除个人信息等；第四,扩大了域外适用范围,个人信息保护委员会有向域外主体要求提供报告、实地检查等强制权力;第五,加重了违法行为惩罚力度,刑罚从 6 个月以下提高到 1 年以下,不正当提供个人信息数据库行为的最高罚金由 50 万日元提高到 1 亿日元。

2)行业层面:日本针对自动驾驶汽车提出更加具体的要求,保证自动驾驶车辆数据安全。日本国土交通省发布的《自动驾驶汽车安全技术指南》第 6 条和第 9 条明确表示自动驾驶汽车必须保证其内部网络和数据安全。如果自动驾驶汽车无法保证自身网络和数据安全,将无法进行道路测试,也无法取得日本监管机构的认证和商用资格。数据安全方面,规定自动驾驶汽车需搭载数据记录装置,用于无人驾驶移动服务的车辆安全性评价,以及向自动驾驶汽车使用者提供信息。网络安全方面,设计和开发车辆时需要符合联合国世界车辆法规协调论坛(WP.29)或其他组织对网络安全的最新要求,例如,增加针对自动驾驶车辆黑客的防护措施等。

(2) 成立统一监管部门并建立集中推进机制

日本组建专门的管理部门,保障数据安全管理有序推进,并明确各部门具体职责和不同部门的协作机制,以实现高效数据安全监管目标。

1)国家层面:建立一体化推进机制保障数据安全管理落实。网络安全战略本部负责统筹网络安全管理并负责不同部门的协同配合,数字厅负责制定数字社会发展战略和基本法规,个人信息保护委员会负责个人数据管理。

网络安全统筹与协调方面,日本内阁设置了网络安全战略本部,以建设整个网络空间的多层级网络防御体制,降低国家整体风险,提升弹性。由内阁官房长官担任本部长,负责网络安全战略本部相关事务的国务大臣担任部长,主要成员包括国家公安委员会委员长、数字大臣、总务大臣以及防卫大臣等,下设重要基础设施专门调查会、研究开发战略专门调查会、普及启发及人才育成专门调查会等部门负责具体安全管理及战略制定工作。

网络安全战略本部通过与日本国家安全保障会议紧密合作,对重要事项进行审查。同时,与数字厅、总务省、经济产业省、国土交通省等重要公共事业管辖机关及网络安全协会等联合展开相关工作。

数字化战略制定和技术创新方面，日本内阁专门成立数字厅，作为推进数字化改革的"司令部"，重点推进数字社会进程。该部门负责维护、管理国家信息系统，保证各地方政府信息互通，向其他部门和机构提出建议并审查其相关业务，同时负责整合私企、土地、交通状况数据。

数字厅通过设置联合会议制度以推动制定数字社会发展战略和技术创新。例如，综合创新战略推进会议负责政府内部调整并规划《综合创新战略》，制定数据保护、数据共享等基础法律法规。综合科学技术创新会议汇总各部门的科学技术创新方面相关政策，实施综合调整。各省厅机构在各自管辖的产业和领域中，负责具体措施的制定和执行（图2-9）。

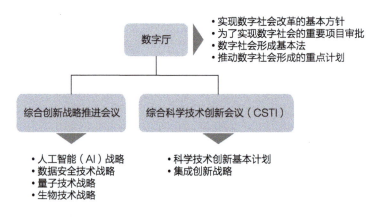

图 2-9 日本关于数字化相关技术战略的组织架构

注：信息由中国电动汽车百人会车百智库研究院整理。

个人信息管理方面，日本成立专门的个人信息保护委员会，该委员会设置于内阁府，属于行政机关，由委员长及8名委员构成。委员会主要职权包括推进个人信息保护基本方针、监督个人信息及匿名加工信息处理、个人信息保护相关宣传及国际合作等。该委员会不定期发布"向外国第三人提供个人信息""确认记录义务""匿名加工信息"等行动指南，但这些指南没有法定约束力，主要为社会各界的行为提供有效指导。

2）行业层面：由国土交通省负责、行业机构协助汽车数据安全管理。汽车数据安全管理主要由国土交通省负责。自2015年起，日本国土交通省开始推进汽车行驶信息的大数据库整合工作，并于 2018 年发布《自动驾驶汽车安全技术指南》，明确自动驾驶汽车数据安全要求。在国土交通省的指导下，行业机构发挥相应协助作用，联合汽车企业成立工作组，负责具体的信息安全工作攻关。

三、国内外数据安全管理对比

下面从适用范围、产生影响、体系架构、管理要求等方面比较国内外数据安全政策法规和监管制度，为我国进一步完善汽车数据安全管理提供借鉴。

1. 国内外数据管理边界不同

美欧日等国数据安全立法更多是针对个人隐私数据，以加强个人隐私数据保护为出发点。而我国除了颁布《个人信息保护法》之外，另推出了《数据安全法》，与 2017 年 6 月 1 日起施行的《网络安全法》共同完善了《国家安全法》框架下的安全治理法律体系。相较于欧美的法律法规，我国对于数据安全的立法更着眼于多领域数据，涵盖范围更广。除个人隐私数据以外，企业和公共服务的数据也被纳入保障体系，包括地理信息数据、交通信息数据等，对这部分数据的使用和保护进行规范能够有效避免涉及国家安全、公众利益的数据被非法采集和滥用。

2. 我国与欧日数据分类管理原则不同

日本、欧盟更加注重对个人隐私数据的保护，主要将个人信息分为个人隐私数据和儿童、宗教、种族等特殊类别的数据，并未设置明确的数据分级及相对应的防护措施。我国《网络安全法》中首次提出重要数据的概念，即"与国家安全、经济发展以及公共利益密切相关的数据"，并着重强调对重要数据进行更高程度的保护。后续发布的《数据安全法》和《网络数据安全管理条例（征求意见稿）》明确了数据分类分级要求，定义了重要数据类型，增加了重要数据处理者一系列配套义务，强化了问责制度的落实，逐步形成了网络数据安全管理领域内的规则体系。

基于对重要数据、一般数据、核心数据的识别，在明确保护级别、数据流通参与者的责任和义务后，更有利于设计合规有序的差异化安全防护和流通机制，使数据安全防护既能够有的放矢，实现最优防护效果，也能兼顾成本，避免非必要投入。一方面，我国具有相当庞大的数据规模，只有针对不同数据进行差异化管理才能提高数据作为生产要素的效能；另一方面，数据保护有成本，网络安全是相对的而不是绝对的，要立足基本国情保障安全，避免不计成本地追求绝对安全。这就需要根据数据重要性的不同分别采取相应安全措施，抓大放小，针对重要数据进行重点保护。

3. 我国个人信息保护立法较晚

欧洲对个人隐私信息保护最为关注，1981年，欧洲共同体签订了《关于自动化处理的个人信息保护公约》，2018年，堪称史上最严的《通用数据保护条例》发布，欧盟对个人隐私的保护力度进一步加强。日本2003年就发布了《个人信息保护法》，对个人数据进行明确定义，并提出对公司企业、政府部门的个人数据处理进行管控。

我国针对个人隐私保护的综合性立法《个人信息保护法》于2021年发布，立法相对较晚，虽然给互联网行业提供了较长的发展时间，但也导致较为严峻的个人隐私信息泄露和非法使用问题。例如，用户订单信息泄露导致诈骗案件、用户信息过度收集和滥用等，给我国数字经济发展带来较大隐患。《个人信息保护法》的颁布为企业完善数据、个人信息等的保护提供了明确且细致的指导，引导互联网企业从以往的"无序扩张、野蛮生长"向"精耕细作"转型。对于汽车数据安全管理，在保证安全底线前提下，前期要注重引导技术进步，鼓励技术发展适度超前，为企业预留一定发展空间；中后期要注重加强数据安全监管，随着产业发展逐步完善汽车数据安全管理。

4. 我国数据跨境流通管理话语权与欧美相比仍有不足

美国和欧盟较早就提出并建立了跨境数据流动规则，在规则制定的话语权上已有领先优势。例如，美国通过推动建立亚太经合组织隐私框架下的跨境隐私规则体系等举措，与其盟友建立了数据流动"朋友圈"。欧盟通过GDPR确立了

"世界上采用最广泛的个人数据保护模式",欧美之间也一直在探索跨大西洋数据跨境流动协定。大多数国家在国内立法中都在不同程度上采用了欧美两国制定的原则,2019年,日本也通过了欧盟的充分性认定,建立了双方个人数据的跨境传输协定。

我国《数据出境安全评估办法》已经建立了数据跨境传输的四种路径,进一步明确了我国数据跨境传输机制,但还未建立起国际话语权,缺乏与美欧日等国家和地区常态化的数据流通机制。后续我国需要加强国际合作,积极建立双边或多边机制,与重要贸易伙伴国达成数据传输协定,建立跨境数据流动"朋友圈",扩大中国模式的影响力。

5. 各国数据安全监管机构设置存在差异

机构独立有利于统一集中管理,美欧日等国家和地区在数据领域均设有单独监管机构。其中,美国的数据保护监管机构是联邦贸易委员会(FTC),欧盟的是数据创新委员会和欧洲数据保护委员会,日本的是数字厅。

我国数据安全由国家网信办、工业和信息化部、公安部等多部门依照自身职责进行监管,缺乏有效的联合监管工作机制。一方面,《数据安全法》规定"国家网信部门依照本法和有关法律、行政法规的规定,负责统筹协调网络数据安全和相关监管工作",国家网信部门在原有工作基础上还需要协同多个部委,可能增加网信部门的监管负担;另一方面,各个部门按照原有业务进行垂直管理,管理内容难免存在交叉或冲突,如汽车数据安全年报报送审查、网络安全相关审查和认证等,既增加管理部门工作量,也影响治理效能发挥。

6. 我国数据管理法规域外约束相比美国更温和

2018年,美国发布《澄清境外合法使用数据法案》(以下简称 CLOUD 法案),规定无论用户的数据是否存储在美国境内,只要服务提供商对用户数据具有实际控制或管辖权,服务提供商就有义务按照法案规定保存、备份甚至是披露用户数据,打破了以往跨国数据类证据调取过程中遵循的数据属地管辖模式,构建了一套全新的以数据控制者实际数据控制权限为衡量依据的标准框架,扩大了美国对数据的司法管辖权范围和对境外数据的获取权。

虽然我国《数据安全法》也规定了必要的域外适用效力,即"在中华人民共和国境外开展数据处理活动,损害中华人民共和国国家安全、公共利益或者公民、组织合法权益的,依法追究法律责任。"但与美国相比,在适用范围和标准方面相对温和。美国 CLOUD 法案出台破除了数据本地化政策带来的数据证据跨国调用屏障,会进一步加强其在第一轮数字化浪潮中所积累的产业与技术优势和强大的话语权,美国这种单边的、缺乏与其他国家公平合作的数据安排,对我国数据保护和治理体系产生不利影响。在数据自由流动方面,我国需要建立起公平合理的域外数据调取机制,通过建设双边或者多边合作、裁决和审核机制,开展数据主权合作,促进数据的流通和安全管理。

7. 我国数据安全应急响应时限要求与欧盟相比较为模糊

为加强对数据泄露的管理,各国通过在立法中确立"数据泄露通知制度",以便及时采取有效措施和控制损害范围来有效保障数据主体权益。欧盟针对事件风险程度采取不同的时限要求,明确了"72 小时"的最低时限要求,对于可能产生较高风险的事件,需"立即"通知数据主体。

我国《网络数据安全管理条例(征求意见稿)》要求数据处理者发现其提供的网络产品、服务存在安全风险时,"立即"采取补救措施,对个人、组织造成危害的,应在三个工作日内"及时"告知用户并报告主管部门。总体来看,我国对时限要求比较模糊,发生数据泄露事件后,在执行通知形式、时间和流程上的具体要求不明确。接下来需要进一步通过司法解释、指南和标准进行阐明,为企业提供更加具体的实操指示。

8. 我国汽车数据管理法规体系建设较美欧日相对完善

美国和日本缺少专门的汽车数据管理法规文件,仅在自动驾驶发展政策中有提及,欧洲虽已发布《车联网个人数据识别指南》,但是也缺乏体系化的数据管理文件。与美欧日等国家和地区对比,我国智能网联汽车发展占据一定先发优势,对汽车数据的重视程度相对更高,汽车数据相关的法规、规章更加体系化,在"三法一条例⊖"的基础上，我国已经出台了一系列法规文件对汽车数据安全进行规范。

例如，《汽车数据安全管理若干规定（试行）》与上位法衔接紧密，明确了汽车行业重要数据类型，并提出汽车数据处理四大倡导原则。《智能网联汽车生产企业及产品准入管理指南（试行）》（征求意见稿）也将汽车的数据安全防护能力引入智能网联汽车的准入条件中。《关于加强车联网（智能网联汽车）网络安全工作的通知（征求意见稿）》明确了相关企业在车联网安全当中的主体责任，并提出加强车联网网络安全防护、加强平台安全防护、保障数据安全与强化安全漏洞管理四点要求。

体系化的汽车数据管理法规文件能够更好地指导企业规范汽车数据安全合规利用。但智能网联汽车处于发展初期，需要相对宽松的创新发展环境。立法需要避免过度超前，限制汽车数据对智能驾驶、智能座舱等技术创新迭代的促进作用。

9. 全球普遍缺乏汽车数据安全管理细则，我国要勇于"吃螃蟹"

纵观全球，美欧日等国家和地区的数据安全立法主要集中在个人隐私数据，普遍缺乏针对汽车领域的数据安全管理具体实施办法。我国针对汽车领域虽出台了一系列数据安全法规文件，但是对汽车行业数据采集和应用的指导性还不够。

一是汽车数据处理者责任划分不够明确，一般汽车数据安全由汽车企业负主要责任，但对汽车企业辐射范围外的出行服务企业等责任划分不明确；二是数据分类分级标准不明确，零部件企业以汽车企业的分类分级标准为准，而汽车企业的分类分级标准亦不同，对监管统一性和量裁标准造成困难；三是事中监控以数据处理者开展的风险自评估为主，约束性不强；四是汽车领域仍未建立起专门的数据跨境流动规则，对于主体多、数据量庞大的汽车领域来说，存在不适用情况。我国应当抓住智能网联汽车的发展机遇，依据"三法一条例"等法规和汽车行业数据安全政策法规文件的指导，积极推进汽车数据安全管理实施细则的制定，为全球汽车领域数据管理提供中国经验。

⊖ 三法一条例包括《网络安全法》《数据安全法》《个人信息保护法》《汽车数据安全管理若干规定（试行）》。

数据安全时代

智能网联汽车数据安全监管与政策体系

监管篇

全球已有 100 多个国家出台数据安全法律法规，对数据安全、隐私保护等相关问题进行了严格规范。2021—2022 年两年间，我国不断加强数据安全政策性立法、标准化建设，强化汽车行业数据安全要求，但仍存在管理协同以及跨境、测绘等专有领域监管不足等问题。

在"软件定义汽车、数据决定体验"的趋势下，数据安全与汽车监管体系融合才能更好地实现对智能网联汽车全链路监管。过去汽车监管以硬件为主，如何向"软硬结合"转变存在一些难题，国家网信办、自然资源部等更多部门加入后，若还按照过去的体系垂直管理，可能存在业务重叠交叉或缺乏有效协同等问题。

数据跨境、测绘监管是近年来行业重点关注的领域。跨境监管方面，2023 年第一季度，我国出口近百万辆汽车，已超过日本。伴随着国际化发展加速，我国汽车企业必会面临国外法长臂管辖和国内法域外适用带来的双重合规问题，要进一步提高我国法规标准与国际的衔接。测绘监管方面，测绘地理信息对于自动驾驶算法迭代、场景库构建、地图制作等具有极大价值，但数据的采集和使用很容易涉密涉敏。当前汽车行业应用测绘地理信息急需细化指导，明确行业对测绘地理信息的需求范围。

当前汽车数据安全标准框架已初步形成，以重要数据识别指南为代表标准的大多暂未发布，汽车数据异常行为监测、数据处理和安全技术要求等多项标准仍处于空白状态，很难为产业数据安全落地提供操作性指引，需采用"急用先行"原则，加快重要标准发布。

第三章
监管体系

一、汽车监管体系发生变化

智能网联汽车会产生车辆运行、车外环境、车内感知和系统应用四大类数据,细分出上百种具体类型(表3-1),采集的信息也呈现出数据类型多、持续时间长、变化速率快等特点。车辆将成为产生与连接海量数据的中枢,暴露出来的汽车数据安全问题和风险隐患日益突出,过去的汽车监管体系和安全管理手段已无法应对这些风险,加强汽车数据安全监管体系建设迫在眉睫。

表3-1 《汽车数据安全管理若干规定(试行)》涉及的汽车采集数据类型

数据类型	数据种类
个人信息	车主、驾驶人、乘车人、行人等的个人信息,以及能够推断个人身份、描述个人行为等的各种信息
敏感个人信息	车辆位置、驾驶人或乘车人音视频等,以及可以用于判断违法违规驾驶的数据等
生物特征数据	驾驶人指纹、声纹、人脸、心律等
重要数据	(一)军事管理区、国防科工单位等涉及国家秘密的单位、县级以上党政机关等重要敏感区域的人员流量、车辆流量数据 (二)高于国家公开发布地图精度的测绘数据 (三)汽车充电网的运行数据 (四)道路上车辆类型、车辆流量等数据 (五)包含人脸、声音、车牌等的车外音视频数据 (六)国家网信部门和国务院有关部门明确的其他可能影响国家安全、公共利益的数据

注:信息由中国电动汽车百人会车百智库研究院整理。

数据安全管理在汽车监管体系中的重要性加深。过去汽车行业管理部门主要有国家发展和改革委员会、工业和信息化部、交通运输部、公安部等九大部委。随着汽车数据安全风险加大，国家对汽车网络安全、数据安全的重视程度也逐渐加深，过去专注于互联网软件与数据管理的国家网信办也加入汽车监管体系（图3-1）。例如，《汽车数据安全管理若干规定（试行）》已明确提出，运营者处理重要数据应当提前向省级网信部门和有关部门报告数据类型、规模、范围、保存地点与时限、使用方式，以及是否向第三方提供等。

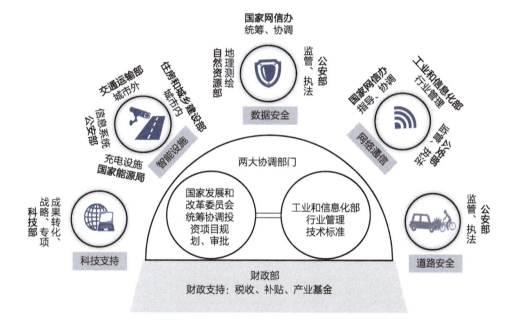

图 3-1 各部委在汽车行业的管理职能

注：信息由中国电动汽车百人会车百智库研究院整理。

汽车数据安全除了事前管理外，更注重事中监测和事后响应。我国汽车监管更注重汽车生产准入、强制认证、产品公告等一系列事前管理措施，但尚未形成高效的事后召回机制。而汽车数据安全管理更重视数据从采集到销毁的全生命周期安全，各个阶段都应综合考虑数据安全需求及合规要求。除了要落实汽车出厂前的数据防护、网络防护能力检测和车联网卡实名登记管理之外，更要重视事中的监测预警,加强对网络安全风险和威胁的监测、防范。同时,要重视事后的应急处置,完善对风险的即时响应机制,及时发现风险并进行溯源,履行对用户的告知义务,确保数据处于有效保护和合法利用的状态(图3-2)。

图 3-2 事前准入管理、事中监测与事后应急响应的对比

注:信息由中国电动汽车百人会车百智库研究院整理。

二、数据安全与汽车监管体系融合存在难题

1. 汽车管理从"硬件为主"向"软硬结合"转变的难题

过去汽车管理的对象是以实体产品为主,更注重产品硬件的功能安全,主要采用硬件瀑布型生命周期管理模式。伴随软件在汽车中的价值占比越来越大,汽车行业管理需要向"软硬结合"的综合管理思维过渡,注重软件的迭代式增量或适应型生命周期管理,以更好地适应新阶段汽车产业发展(图3-3)。但汽车行业对软件、数据和服务等管理经验不足,而对互联网、金融等领域的虚拟产品管理经验,也很难直接借鉴至汽车行业。

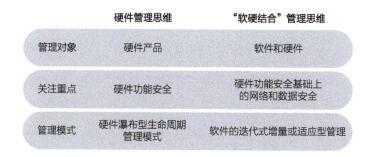

图 3-3 汽车智能化发展带动管理思维迭代

注：信息由中国电动汽车百人会车百智库研究院整理。

一是智能网联汽车可能产生的缺陷类型更多，如软件、数据安全缺陷及辅助驾驶过程中的场景识别缺陷等。随着智能化应用加深，智能网联汽车还可能产生更多未知缺陷，这些缺陷是无形的，难以被有效识别。传统汽车针对硬件的召回管理制度已无法应对场景、软件和数据缺陷识别的调查，也很难满足智能网联汽车修补漏洞的紧迫性需求。

二是过去汽车管理侧重于车辆生产、产品准入及测试等环节，而软件、数据管理需更注重实时使用环节，当前尚缺乏有效手段监控汽车使用过程中的软件、数据安全隐患。同时，智能网联汽车是一个软硬结合的复合产品，完全沿用其他领域对软件、数据的管理思维无法适配汽车载人、高速移动等特性。

2. 不同部门间监管程序和评估查验范围略有不同，缺乏有效协同

工业和信息化部、国家网信办、自然资源部、国家保密局、公安部等各部门监管侧重点不同，工业和信息化部负责汽车生产准入、产品公告等管理；国家网信办主要负责统筹网络数据安全的相关监督工作，协调数据出境安全评估等管理；公安部负责网络安全等级保护、互联网安全监督检查工作等（表3-2）。各个部门还是按照原有业务进行垂直管理，管理内容难免存在交叉或冲突，增加管理部门的工作量，也影响治理效能发挥。

表3-2 不同管理部门的主要监管职责

部门	监管职责
国家网信办	1）统筹协调网络安全工作和相关监督、管理、评估工作，统筹协调网络安全信息收集、分析和通报工作 2）统筹协调关键信息基础设施的安全保护工作 3）领导建立国家网络安全审查工作机制，组织网络产品和服务的国家安全审查 4）统筹网络数据安全的相关监督工作，协调数据出境安全评估工作
公安部	1）主管网络安全等级保护 2）负责指导监督关键信息基础设施安全保护工作 3）负责互联网安全监督检查工作 4）主管计算机信息系统安全保护工作，负责计算机信息系统安全专用产品销售许可证和安全专用产品安全功能检测机构的审批工作
工业和信息化部	1）负责电信网、互联网网络安全保护，拟定电信网、互联网、工业互联网及工业控制系统网络与信息安全规划、政策、标准并组织实施 2）负责网络产品安全漏洞综合管理，承担电信和互联网行业网络产品安全漏洞监督管理 3）拟订电信网、互联网数据安全管理政策、规范、标准并组织实施
市场监管总局	1）拟订标准化战略、规划、政策和管理制度并组织实施，承担强制性国家标准、推荐性国家标准（含标准样品）和国际对标采标相关工作，协助组织查处违反强制性国家标准等重大违法行为，承担全国专业标准化技术委员会管理工作 2）负责实施网络安全相关审查和认证工作，在批准范围内开展网络安全相关产品、管理体系、服务、人员等认证业务

注：信息来源于各部门官方网站及相关法规要求，由中国电动汽车百人会车百智库研究院整理。

一是北京、天津、上海等多个省或直辖市陆续发布汽车数据年报报送通知，且报告模板已经统一，要求基本一致。但有很多省市仍未发布报送工作通知，汽车数据管理工作推进相对滞后。

同时，各地方网信办相关报送机制、要求报送的对象也尚未形成统一标准。比如报送主体地域范围各地标准不一，上海明确要求报送的范围为注册地在上海的汽车数据处理者，而广东、天津要求报送的范围为本省或市的汽车数据处理者。

二是重复审查、报备流程。工业和信息化部要求各个企业报备车联网的信息系统,而公安部也有信息系统等级保护的要求,同一个系统要经过工业和信息化部、公安部两个部门审查且审核机制和流程各不相同。

三是试点、调研工作缺乏协同。各城市、各部门、各机构均在积极探索汽车数据安全管理工作,了解各企业数据安全治理情况,以期尽快构建完善的汽车数据安全监管体系。但彼此缺乏协同且信息不互通,导致部分试点工作、调研内容重复等问题,降低工作推进效率。

3. 数据安全"不可量化设计"带来信任缺失

汽车网联化、智能化发展使得车辆部件具有了双重安全属性,既要保证功能安全,避免随机性故障和环节影响造成的安全风险,也要保证网络和数据安全。

传统汽车行业的功能安全具有严格的量化标准和评估体系,有诸多技术以保障安全,有标准以衡量可靠性,有较为完善的事故追溯手段。但是,对于智能网联汽车的网络和数据安全问题则无法度量,很难设计具体指标进行量化设计和验证度量,包括智能网联汽车上新增的软件、硬件防护设施本身是否安全也很难量化评估[一]。

4. 各部门、机构规划的标准和规范缺乏协调

数据安全作为汽车行业的新兴领域,面临大量标准缺失的问题。根据工业和信息化部印发的《车联网网络安全和数据安全标准体系建设指南》,2023年底要完成50项标准的研制,2025年完成100项。全国汽车标准化技术委员会、全国通信标准化技术委员会和全国信息安全标准化技术委员会正基于自身擅长的领域,积极规划相关标准制定,但由于缺乏协调,内容可能存在重复或交叉,不利于构建统一、协同的汽车数据安全监管体系。

以汽车数据分类分级为例。YD/T 3751—2020《车联网信息服务 数据安全技术要求》、YD/T 3746—2020《车联网信息服务 用户个人信息保护要求》《自

[一] 来源于中国工程院院士邬江兴《智能无人系统与内生安全》主题演讲。

动驾驶数据安全白皮书》、TC 260 – 001《汽车采集数据处理安全指南》等文件对汽车数据分类分级的要求存在差异，企业会根据自身业务数据应用目的形成一套适合自身的分类分级体系。企业间分类分级差别较大，增加了数据流动、共享的难度。同时，企业内部不同项目组对数据分类分级处理也存在分歧，不利于企业搭建协同统一的数据治理体系。

三、健全汽车数据安全监管体系

1. 明确现阶段汽车数据安全管理应遵循的基本原则

智能网联汽车还处在发展早期，技术路线处于探索阶段，需要有一个总的指导思想，指导监管机构进一步处理好汽车产业安全与创新的关系。建议在制定汽车数据安全管理要求及处理具体问题时，宜秉承"明晰底线、包容创新"的基本原则，在保障底线安全的基础上给产业一定创新空间。

2. 分阶段、分周期制定细化监管要求

汽车从设计开发到量产的周期很长，需要制定更详细的数据安全管理实施条例和细则。建议采用"技术适度超前"策略，分阶段、分周期制定相关管理要求。提出汽车数据安全管理5～10年的战略目标和整体框架，以3年为周期落实管理实施细则，监管内容由关键数据至普通数据，由松至严。允许企业技术发展适度超前，给企业留出更多技术创新、测试、验证的时间和空间。保证汽车数据安全监管逐级递进，既能避免因监管滞后太多导致的行业无序发展，又能防止因监管突严带来的产业阵痛效应。

3. 进一步明确各部门职责

汽车的数据链较长，包括车辆运行数据、车外环境数据、车内感知数据和车端应用数据等，一个部门很难"包打天下"，但多部门协同就要分工明确，减少职能交叉，明确各自的汽车数据管理领域和边界，统筹好不同业务流程的

报备、审批接口，减少因职能、业务交叉所增加的工作量，提升各部门汽车数据安全管理效能。

4. 创新汽车数据监管方式

国内汽车领域事后监管制度设立较晚，在立法层次、企业约束力等方面与发达国家相比仍有差距。现阶段最重要的工作是建立汽车数据的事后监管制度，减少不必要的事前审批，确保监管能力到位。目前汽车数据监管面临的重大挑战是能力不足，大量新问题出现后，企业更多地要将问题上报管理部门，而很多地方由于部门人手少、经验不足，很难及时处理上报的问题，容易出现"监管拥堵"问题，影响行业发展。因此，要强化以事中事后为主的监管能力建设，在监管中要更多地采用先进技术，减少传统的人海战术。

5. 建立跨部门协同工作机制

一方面，要充分发挥不同监管部门对于软硬件产品管理的优势，有效发挥国家网信办丰富的互联网软件、数据等虚拟产品管理和工业和信息化部多年汽车硬件管理经验，推动汽车管理向"软硬结合"的汽车管理新模式转变；另一方面，试行各部门间报送、审批互认机制，针对各部门相同的报送或审批事项，如汽车数据年报报送，建议构建互认机制，以减少监管部门重复审核的工作量，更好地发挥管理效能。

第四章
跨境合规

一、跨国汽车企业数据合规面临双重监管压力

我国汽车产业国际化进程加速,已成为全球第二大汽车出口国。企业在加快部署海外市场的进程中,面临国外法长臂管辖和中国法域外适用带来的数据双重合规问题。

1. 我国汽车产业正处于国际化进程加速阶段

我国汽车产业实现历史性突破,有望在2023年底成为汽车第一大出口国。2022年,中国跃升为全球第二大汽车出口国,整车出口突破311万辆,仅次于日本的360万辆,实现了历史性突破(图4-1),2023年第一季度,我国以近百万辆汽车出口量超过日本。从出口均价看,我国汽车出口均价从2020年的1.1万美元上升到2022年的1.89万美元⊖;从增长速度看,2022年,我国汽车出口量同比增长达54.4%。与我国汽车出口高速增长形成鲜明对比的是,日本、德国的汽车出口产业受近几年芯片短缺、新冠病毒疫情、"赛道"变换等因素的

⊖ 数据来源于中国汽车流通协会汽车市场研究分会(乘用车市场信息联席会,简称乘联会)。

综合影响，呈现逐年降低的趋势。对比之下，我国有望在 2023 年底超越日本成为汽车第一大出口国。

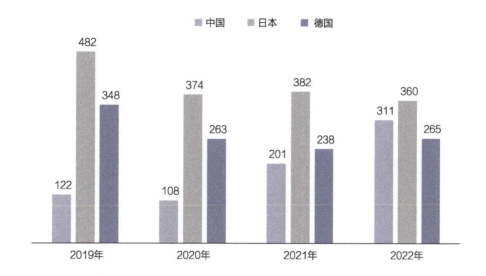

图 4-1 2019—2022 年中、日、德汽车出口量对比（单位：万辆）

注：数据来源于中国汽车工业协会、北京信百会信息经济研究院，由中国电动汽车百人会车百智库研究院整理。

在全球绿色低碳发展趋势下，我国有望凭借新能源汽车赛道优势成为全球第一大汽车出口国。得益于汽车市场的低碳化转型，我国汽车出口开始由非洲、东南亚、中东等欠发达的国家和地区，逐步向美国、日本、英国、德国、韩国、澳大利亚等发达国家集中，为我国新能源汽车产业提供了突围的新市场。海关数据显示，2022 年，我国电动载人汽车出口量达到 67.9 万辆，同比增长 22.6%（图 4-2）。此外，中国和东盟、日本、韩国、澳大利亚等组织或国家于 2020 年共同签署了《区域全面经济伙伴关系协定》，也为我国汽车产业拓展日韩市场及东盟市场提供了良好助力。综合来看，凭借新能源赛道优势，未来我国汽车产业国际化步伐会进一步加快。

图 4-2 2005—2022 年我国汽车和电动载人汽车出口情况

注：数据来源于中华人民共和国海关总署、北京信百会信息经济研究院，由中国电动汽车百人会车百智库研究院整理。

2. 国内汽车企业加快布局国际市场，全球化战略部署呈现百花齐放态势

整车出口量大幅上涨以及对欧洲汽车强国市场的突破，意味着我国自主品牌汽车国际竞争力和国际市场接受度正不断提升，我国汽车产业已经进入了高质量发展和全球化布局的新阶段。新形势下，传统汽车企业和造车新势力企业纷纷乘着政策东风，加强国际市场战略部署（"出海"）。

传统汽车企业加速布局全球市场，各大厂商积极建设国外工厂和研发中心。传统汽车企业深耕行业多年，较早就进行了国际市场部署，前期主要聚焦拉美非等中低端市场。随着在中高端产品研发方面投入加强，传统汽车企业逐步向欧洲、北美洲、日本等中高端市场加速渗透，将美国、加拿大、日本等汽车产业优势国家纳入市场体系，国际竞争力逐步增强。目前，上汽、比亚迪、奇瑞等传统优势汽车企业已经构建了覆盖全球的市场体系，生产基地、研发中心和服务网点遍布全球几十个国家，并在美洲、大洋洲、欧洲、中东、南亚等地区形成了较大量级市场（表4-1）。

表4-1 传统汽车企业的国际市场布局情况

汽车企业	"出海"地区	"出海"计划
上汽	全球性布局	已经形成了欧洲、澳大利亚、美洲、中东、东盟、南亚6个5万辆级的市场,产品和服务已进入全球70余个国家和地区
比亚迪	全球性布局	目前在国外拥有6个生产基地,分布在美国、加拿大、巴西、日本、匈牙利及印度,同时,在全球范围内拥有超30个工业园
奇瑞	全球性布局	在全球共建立10大国外工厂、6大研发中心,以及1500多家国外经销商和服务网点
长安	全球性布局	长安汽车拥有全球14个基地,33个整车、发动机及变速器工厂,足迹遍布全球70余个国家,形成了多个万辆级核心市场,包括中东、北非、中南美、东南亚等重要经济体和市场区域
长城	全球性布局	密集发力国际市场,在全球形成了覆盖中东欧、澳大利亚、非洲、中东、中南美等60余个国家和地区的全球销售布局

注:信息来源于北京信百会信息经济研究院,由中国电动汽车百人会车百智库研究院整理。

造车新势力企业抓住窗口期积极布局欧洲市场。借助欧洲环保政策,造车新势力企业纷纷抓住新能源汽车窗口期,加速向欧洲渗透。蔚来、小鹏、理想、岚图、极氪等汽车企业已经开展了相关部署(表4-2),并将挪威、芬兰、瑞典等环保政策较为激进的北欧国家作为重要的"出海"市场,期望以此作为跳板陆续部署欧洲其他国家。在精耕欧洲市场的同时,造车新势力企业也进行了战略性配套建设,在汽车出口基础上强调配套设施建设,通过构建完善的售后服务体系,提升品牌形象。

表4-2 造车新势力企业的国际市场布局情况

汽车企业	"出海"地区	具体计划
蔚来	欧洲	已在挪威建成4座蔚来空间,并且在德国、荷兰、瑞典、丹麦正式落地产品与全体系服务,预计到2025年为全球超过25个国家和地区的用户提供服务
小鹏	欧洲	已率先在挪威完成了销售、交付、服务的全闭环部署,并将继续布局瑞典、丹麦、荷兰等欧洲市场

(续)

汽车企业	"出海"地区	具体计划
理想	欧洲	已经建立了专门负责国际市场的项目团队,研究国际市场渠道、用户习惯等问题
岚图	欧洲	2022年6月,岚图FREE首次登陆北欧,预计2023年第四季度面向挪威用户开启交付
爱驰	欧洲	开拓法国、德国、荷兰、比利时、丹麦、以色列、意大利、瑞士、西班牙、葡萄牙、瑞典、克罗地亚、冰岛、斯洛文尼亚14个国家和法罗群岛,实现北欧和南欧市场的进一步覆盖
极氪	欧洲、美国	积极部署欧洲和美国市场,到2025年欲实现整体出口量达到10万辆
哪吒	东盟	进军东盟新能源汽车市场,首站是泰国

注:信息来源于北京信百会信息经济研究院,由中国电动汽车百人会车百智库研究院整理。

总体来看,我国汽车企业"走出去"步伐加快,呈现百花齐放的态势。乘着全球碳减排政策的东风,新能源赛道将成为我国汽车产业走向世界的重要开端,也是我国汽车产业获取全球竞争优势的重要赛道。

3. 各国数据安全法律法规频发,企业面临双重监管压力

随着全球进入数字经济时代,数字化技术在为人们生产生活带来便利的同时,伴随的安全问题也不容忽视。近年来,全球已有100多个国家/组织/地区出台了数据安全法律法规(表4-3),对数据安全、隐私保护等相关问题进行了严格规范,这些法律条例的管辖范围不仅包括本国范围内的数据处理行为,更涵盖境外的数据处理,各国监管要求存在差异,全面适配难度较大。

表4-3 全球主要国家/组织/地区出台的数据安全法律法规

国家/组织/地区	法律名称
欧盟	《通用数据保护条例》
中国	《数据安全法》《网络安全法》《个人信息保护法》《网络数据安全管理条例(征求意见稿)》

(续)

国家/组织/地区	法律名称
俄罗斯	《俄罗斯联邦个人数据法》
美国加州	《加利福尼亚州消费者隐私法案》《澄清境外合法使用数据法案》
美国内华达州	《内华达州数据隐私法》（SB 220）
新加坡	《个人信息保护法》（PDPA）
日本	《个人信息保护法》（PIPA）
德国	《联邦个人信息保护法》（BDSG）
英国	《数据保护法》（DPA2018）
瑞士	《联邦数据保护法》（DPA）
印度	《个人数据保护法草案》
韩国	《个人信息保护法》（PIPA）

注：信息来源于北京信百会信息经济研究院，由中国电动汽车百人会车百智库研究院整理。

例如，欧盟的 GDPR 适用范围很广，即使是欧盟境外的数据控制者或处理者，只要对欧盟境内数据主体的个人数据进行处理，也在其管辖范围内。美国的《澄清境外合法使用数据法案》规定，如美国政府索取，所有美国企业必须将存储在境外的数据交给政府。中国出台的《数据安全法》明确指出，在中华人民共和国境外开展数据处理活动，损害中华人民共和国国家安全、公共利益或者公民、组织合法权益的，依法追究法律责任。各国严格的惩罚措施使跨国企业不得不将数据合规纳入重要的战略部署中。且由于各国数据安全监管政策要求不一致，企业需要同时满足不同的数据合规要求才能保证产品和业务的正常售卖和运转，合规成本比较高。

根据国家互联网应急中心统计，2021 年 8 至 11 月，15 类主流车型的境内外汽车数据通联达 262 万余次，且通联次数会随汽车出口量增加而越来越多。汽车行业数据包含大量用户隐私、地理信息数据，且部分数据与关键信息基础设施关联，数据跨境流通成为我国乃至全球各国监管的重点。

二、国内外数据双重合规对企业发展的影响

1. 全面适配各国监管要求难度较大

纵观全球已经出台的数据安全、隐私保护法律法规，各国监管侧重点不同且对于数据安全保护的评估标准也并不统一。例如，国内外对于敏感信息的定义有差别，某些数据在国内是一般数据，在国外可能就是敏感数据，合规标准遗漏很可能导致巨额罚款。对于已部署或计划部署国际市场的国内汽车企业，在产品满足国内数据安全要求的基础上，也要与出口国的条例和标准进行适配，同一类型产品因为出口不同国家需要满足不同的数据合规要求，监管要求适配的落实难度很大。

一方面，欧美等国家和地区数据跨境监管自成体系、规则不一，不利于我国汽车企业数据跨境流动。欧盟将网联汽车视为与手机、计算机、智能电视一样的终端设备，认为绝大多数汽车数据属于个人数据范畴，沿用白名单管理机制（充分性认定机制），且欧盟不会对终端进行持续监管。但是为了保障境内企业的商业利益以及维护国家安全，欧盟充分性认定制度难以做到非常客观和标准化。中国未能进入欧盟白名单，不能直接与欧盟国家进行跨境数据传输。通过新的标准合同与欧盟进行跨境数据传输缺乏灵活性，难以满足未来持续增加的汽车数据跨境流动需求。

美国倾向通过自由贸易协定谈判与"适格国家"签署双边数据互通协议，使其提出的"自由流动"原则在一定条件下被缔约国所接受，且会对数据互通的终端进行持续监督。

欧美等主要国家和地区正通过双边/多边协定积极构建以自身为中心的数据跨境流动"朋友圈"，数据的长臂管辖范围不断扩大。而过去我国参与的双边/多边协定中，较少涉及数据跨境流动的条款。直到 2020 年 11 月，中国签署了第一个对数据跨境做出要求的协议，即《区域全面经济伙伴关系协定》。目前，我

国数据跨境流动管理整体以国家安全为主，受制于我国现行的数据本地化政策，通过协议打通与欧美的数据传输通道存在较大障碍。

另一方面，我国数据跨境流动管理法规、制度与国际规则的兼容性不够，制约跨国汽车企业数据出入境流动。我国跨境数据流动管理体系已初步形成，"三法一条例"以及《数据出境安全评估办法》均对数据跨境流动做出了法律规制，但与《全面与进步跨太平洋伙伴关系协定》（以下简称CPTPP）、《数字经济伙伴关系协定》（以下简称DEPA）等规定的高开放度、高管理水平数据跨境流动规则相比，仍存在不兼容问题。

例如，CPTPP要求缔约方在对数据跨境流动采取限制措施时，该限制措施对国际贸易造成的负担应当维持在最低水平。日本、新加坡等CPTPP成员国针对个人信息跨境传输设置了"同等保护"的标准，对于通过"同等保护"认定的国家，不需要针对每次跨境活动再进行审查。而我国《数据出境安全评估办法》要求数据处理者在向境外提供数据前，应事先开展数据出境风险自评估，数据出境评估结果有效期仅为2年，且在有效期内出现接收方所在地法律环境发生变化，向境外提供数据的目的、方式、范围、种类等发生变化的，数据处理者还应当重新申报评估。

CPTPP允许缔约方在以实现合法公共政策目标的前提下，对数据跨境流动提出限制措施，但也规定了严苛的适用条件，避免成员国肆意扩大限制范围和条件，而违背数据自由流动的基本原则。CPTPP等协定中的"合法公共政策目标"是一个例外条款，仅在极少数特定情况下才能援引。而根据我国《数据出境安全评估办法》规定（表4-4），数据出境安全评估限制情况涵盖实践中的大部分场景，使"例外条款"变成了"一般规定"，在参与CPTPP等协定的谈判时，很难援引"合法公共政策目标"例外条款进行证明。此外，由于我国对于重要数据的具体范围还未出台正式规定，在援引"合法公共政策目标"例外条款时，也很难充分证明其正当性和必要性，增加后续谈判难度。

表4-4 CPTPP例外条款和《数据出境安全评估办法》规定的安全评估场景

CPTPP例外条款的主要内容 （第14.11条第三款）	《数据出境安全评估办法》中规定的 需要进行安全评估的情形
条件一：为实现合理公共政策目标 条件二：不以构成任意的或不合理歧视或对贸易构成变相限制的方式适用 条件三：不对信息传输施加超出实现目标所需限度的限制	（一）数据处理者向境外提供重要数据 （二）关键信息基础设施运营者和处理100万人以上个人信息的数据处理者向境外提供个人信息 （三）自上年1月1日起累计向境外提供10万人个人信息或者1万人敏感个人信息的数据处理者向境外提供个人信息 （四）国家网信部门规定的其他需要申报数据出境安全评估的情形

注：信息由中国电动汽车百人会车百智库研究院整理。

我国数据监管体系仍不健全，数据事中监测和事后处置、数据产权、数据流通交易等基础制度缺失，数据安全保护能力无法得到其他国家认可。在数据跨境流动机制磋商中，证明"对等保护措施"执行效果存在困难，制约我国数据跨境流动规则与国际接轨。

2. 企业面临较大成本压力

为了应对数据双重合规，企业需要在前期梳理解读各国法律法规、中期采取适配措施满足需求，以及后期的评估认证等方面进行较多投入。据弗雷斯特（Forrester）市场咨询公司统计，大型企业为了满足GDPR要求，平均投入为2000万~2500万美元，中小企业则为400万~500万美元。

一是前期解读国外政策带来的成本投入。汽车企业产品出口，需要满足出口国的数据安全法律法规要求。尤其是对于布局国家较多的汽车企业来说，需要对各个国家的数据安全法律法规进行全面细致的梳理和解读，以满足出口要求。这就需要企业的法务、合规人员除具备法律知识储备外，也必须具备较高的外语能力。且由于法律法规在实施过程中是不断调整变化的，需要长期追踪相关动态。出口国较为单一的汽车企业短期内尚有能力构建这样的法务部门，而国际市场布局广泛的汽车企业则很难完全依赖自建团队，需要长期采购专业机构的服务，这将带来较高成本投入。

二是中期满足监管要求带来的成本投入。在完成出口国法律法规梳理工作后，汽车企业进入采取适配措施以满足监管要求的阶段。在这一阶段，汽车企业主要采取数据本地化存储策略应对双重合规问题，包括建设本地化系统、加强合同约束、派遣监督人员等方式。系统的本地化部署带来硬件重复建设问题，是非常大的成本投入。例如，短视频平台 TikTok 计划在爱尔兰和挪威共新建三个数据中心，预计每月额外投入 12 亿欧元管理成本。

据普华永道调查显示，68% 的美国公司预计将花费 100 万~1000 万美元成本来满足 GDPR，还有 9% 的企业预计投入将超过 1000 万美元。然而，这仅仅是满足 GDPR 一项法律的资金投入，对于部署多个国家的汽车企业来说，投入会更多。

三是后期产品评估认证带来的成本投入。汽车企业完成数据安全建设工作后，进入了产品合规认证阶段，在这一阶段，汽车企业面临满足本国、出口国两地的产品认证所带来的高昂认证成本。

汽车产品需要在所有在售国家进行认证，且认证期限是以年为单位，每年都需要持续地投入。据企业调研反馈，单个车型产品数据安全合规认证成本保守估计在 2 万元左右，企业有 10 款产品在 10 个国家售卖，每年就需要投入 200 万元，而实际成本可能更高。

四是企业可能因为疏忽而面临的巨额罚款。由于各国管理规定的差异，部署多国的企业可能因为疏忽而面临巨额罚款。例如，截至 2022 年 5 月，欧盟《通用数据保护条例》生效的四年间，粗略估算共罚款 1073 次，合计约 15.5 亿欧元，其中，"不符合数据处理的基本原则"和"信息义务履行不足"两项的单次罚款金额最高（图 4-3）。

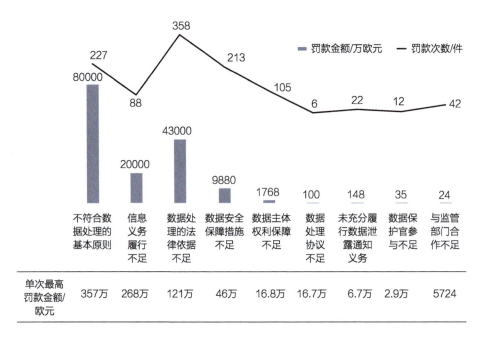

图 4-3 2018 年 5 月—2022 年 5 月 GDPR 的罚款事项以及相应总金额和次数

注：数据来源于盈理律师事务所，由中国电动汽车百人会车百智库研究院整理。

3. 双重合规制约汽车企业成长，不利于产业长远发展

在巨大成本压力和高额罚金双重制约下，部分传统汽车企业和造车新势力企业很可能放弃国外市场。长此以往，将对中国汽车产业国际化进程造成难以逆转的负面影响。

双重合规制约造车新势力企业成长，影响产业创新活力。近年来，以新能源汽车为主的造车新势力企业成为助力中国汽车产业发展的新生力量，具备较强的创新活力，在技术、模式、产品创新方面发挥着重要推动作用。目前，造车新势力企业尚处于发展初期，离盈利还存在一定距离（表 4-5），无论是技术研发、产品设计还是生产销售，都需要大量资金支持。数据显示，理想、蔚来、小鹏、零跑、哪吒等我国造车新势力企业每卖一辆车都存在从几万至十几万元不同程度的亏损。在这种情况下，应对双重合规增加的额外成本投入，对于当前亏损的造

车新势力企业来说，无异于雪上加霜。在"双碳"成为全球共识的大背景下，中国造车新势力企业迎来了产业东风，但数据双重合规带来的成本问题很可能成为企业走出去的"绊脚石"，甚至影响企业生存。

表4-5 造车新势力企业2022年全年亏损情况

品牌	净亏损/亿元	同期销量/万辆	单车平均亏损/万元
北汽蓝谷	54.65	5.02	10.89
蔚来	145.59	12.25	11.88
小鹏	91.39	12.08	7.57
零跑	51.09	11.11	4.60
赛力斯	38.32	26.72	1.43
理想	20.12	13.32	1.51
哪吒	69.19	15.21	4.55
极氪	20	7.2	2.78

注：数据由中国电动汽车百人会车百智库研究院整理。

双重合规增加经营成本，限制传统汽车企业国际化步伐。近5年来，我国汽车制造业规模以上工业企业整体利润率较低，呈现下降趋势（图4-4），2021年利润率仅为6.12%。长城、吉利等我国自主品牌虽然是盈利的，但单车利润与大众、通用等国外品牌相比也存在较大差距（表4-6）。传统汽车企业在国际市场已有较大布局，伴随数据安全管理趋严，在不同国家管理规定存在差异的前提下，传统汽车企业可能会因为对规定理解不到位而引发数据安全隐患，从而面临巨额罚款，进一步增加企业经营成本，对于利润微薄的传统汽车企业来说，很可能受制于成本压力而减缓国际化步伐。

图 4-4　2017—2022 年我国汽车制造业规模以上工业企业利润情况

注：数据来源于国家统计局、北京信百会信息经济研究院，由中国电动汽车百人会车百智库研究院整理。

表 4-6　自主品牌汽车企业与国外汽车企业利润差距

汽车企业	2022 年销售量/万辆	2022 年净利润/亿元	2022 年单车利润/元
长城	106.17	82.66	7786
吉利	143.30	52.60	3671
通用	593.90	665.88	11212
大众	830.00	1161.00	13988
梅赛德斯-奔驰	239.96	1085.00	45215.87

注：数据来源于汽车洋葱圈、北京信百会信息经济研究院，由中国电动汽车百人会车百智库研究院整理。

三、汽车企业数据跨境传输如何过"安检"

自 2022 年 9 月《数据出境安全评估办法》施行以来，截至 2023 年 2 月，北京网信办只有医疗和航空领域共计 2 家企业通过评估，通过率仅为 4.2%。直到 2023 年 5 月，上海网信办首批通过数据出境安全评估的两家企业中才包含汽车企业。汽车供应链长、数据类型多且量大，相关企业梳理数据资产和流通情况难度大，数据跨境风险缓释及安全合规亟待指导。

1. 汽车企业需要明确不同类型数据跨境传输的途径，采用差异化措施进行管理

随着《数据出境安全评估办法》《汽车数据安全管理若干规定（试行）》等法规陆续颁布，我国数据出境的三种合规路径已基本清晰。汽车相关企业应在充分梳理数据出境活动的基础上明确不同类型、不同敏感程度数据适用的出境路径，选择合规路径出境。

汽车重要数据（图2-5）依法在境内存储。因业务需要向境外提供的，应根据不同数据类型通过国家网信部门会同工业和信息化部、自然资源部等有关部门组织的安全评估，汽车行业重要数据只有安全评估一条出境途径。例如，涉密地理信息数据向境外传输需依法履行对外提供审批，未经处理和审查，测绘地理信息数据不能出境，裸数据也不能出境。对于难以判断是否需要安全评估的情况，向境外提供数据前，企业应积极与主管部门沟通，自觉履行相关部门要求。

未列入重要数据范围但涉及个人信息的数据出境，企业应提前向个人主体告知并取得单独同意，进行个人信息保护影响评估后，可采用个人信息跨境处理活动安全认证或个人信息出境标准合同两种数据出境路径（图4-5）。

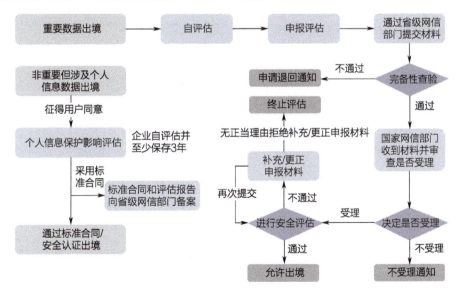

图 4-5 汽车数据跨境传输路径及流程

注：信息由中国电动汽车百人会车百智库研究院整理。

2. 企业有义务把控自身数据跨境风险，坚持风险自评估与安全评估相结合

截至 2023 年 2 月，北京网信办已收到来自亚马逊、宝马、大众、小米等 48 家企业提交的申报材料，还有 35 家企业正在补充完善申报材料，142 家企业初步表达申报意愿，120 家企业咨询申报事宜等。

国家及各省市网信部门的数据出境安全评估工作量巨大，很难做到对每家申请企业进行现场调查。企业要主动把控自身数据跨境安全风险，提高数据出境风险自评估报告质量，这有助于企业在可控的时间内顺利通过安全评估。

自评估活动需要企业对自身数据出境业务、拟出境数据规模及链路、境外接收方以及出境法律文件等相关信息做出详尽描述（表4-7）。完成数据出境风险自评估且结果满足出境风险评估要求 3 个月后，至申报之日未发生重大变化的，企业可通过所在地的省级网信部门向国家网信部门申报数据出境安全评估，提交材料包括申报书、数据出境风险自评估报告、数据处理者与境外接收方拟订立的法律文件以及安全评估工作需要的其他材料。

表4-7 汽车企业自评估重点事项

序号	类型	要求内容
1	数据出境合法性、正当性和必要性	敏感个人信息出境、重要数据出境和境外接收方处理数据的目的、范围、规模、种类、方式等的合法性、正当性、必要性
2	汽车数据出境的安全风险	汽车数据出境给国家安全、公共利益、个人或者组织合法权益带来的风险，包括汽车重要数据出境可能给国家安全和公共利益带来的安全风险，以及个人信息及敏感个人信息出境可能给车主、乘车人、车外人员等个人信息主体带来的安全风险
3	数据发送方责任及义务	境内发送方的技术和管理措施，包括汽车数据安全管理负责人的设置和履职情况，数据安全培训教育情况，拟出境个人信息的匿名化、去标识化处理方式等
4	数据接收方责任及义务	汽车数据在境外的保存地点、期限、范围和方式，境外接收方承诺承担的责任义务，以及履行责任义务的技术和管理措施、能力等能否保障数据安全出境

(续)

序号	类型	要求内容
5	数据安全威胁及处理措施	数据出境中和出境后遭到篡改、破坏、泄露、丢失、转移或者被非法获取、非法利用等的威胁，以及发生汽车数据安全事件的处置措施
6	个人主体权利保障	个人信息出境前告知并获取个人信息主体单独同意的方式（如用户手册、车载显示面板、语音、汽车使用相关应用程序等）、出境个人信息数据的范围、个人信息权益维护的渠道是否通畅、汽车数据相关用户投诉和处理情况等
7	标准合同要求	与境外接收方拟订立的数据出境相关合同（应为"标准合同"）或者其他具有法律效力的文件等（统称"法律文件"）是否充分约定了数据安全保护责任义务
8	境外监管要求	境外接收方所在国家或地区对汽车数据的监管态度、有关汽车数据跨境流动的法律规定

注：信息由中国电动汽车百人会车百智库研究院整理。

3. 汽车数据跨境需要适配各国监管要求

跨国汽车企业要精准识别各国对汽车行业"重要数据""个人信息"的不同定义，对目标国家监管要求进行综合考量，以应对差异化监管审查。对有数据本地化要求的国家，应在适当地区设立数据中心。

美国主要通过双边协定管理数据跨境，利用自由贸易协定与"适格国家"签署双边数据互通协议。美国对数据跨境传输路径没有特定规制，但会对数据互通终端进行持续监督，并建立负面清单限制关键数据跨境。我国汽车企业要着重关注负面清单内涉及的数据类型和范围，如汽车通过感知设备采集的地理信息数据及行驶过程中产生的定位信息和应用服务数据等跨境会受到限制。

例如美国 2018 年出台的《外国投资风险审查现代化法案》规定，定位系统、手机信号塔位置数据等敏感数据出境会受到严格管制，即使是外商在美国开展涉及这部分数据的业务，也需要受到安全审查。《出口管制条例》规定的受管制车联网核心技术有 14 项，其中，定位和导航技术、车辆数据分析技术、量子信息和传感技术、先进监控技术等使用和产生的数据与车辆外部环境数据高度相关，相关数据出境会受到限制。

欧盟对汽车数据跨境流动管理承自《通用数据保护条例》，欧盟与他国进行汽车数据流通的路径与GDPR中的数据跨境机制一致，主要包括充分性认定机制（又称白名单机制）、采取适当保障措施以及使用例外条款（表4-8）。

表4-8 GDPR数据跨境传输机制

传输机制	具体内容
充分性认定机制	指经过欧盟认定的对个人数据保护充分的国家、地区或国际组织，可以直接向其传输数据，不必采取进一步的保护措施
采取适当保障措施	包括签订标准合同（SCC）[1]、通过约束性企业规则（BBCR）[2]、认证机制、行为准则（CoC）等
使用例外条款	获得数据主体同意、履行合同所必要[3]等

注：信息由中国电动汽车百人会车百智库研究院整理。
[1]标准合同条款是要求跨国企业签署该合同，一旦签署，则负有履行数据保护的义务。
[2]约束性企业规则是一种替代标准合同的选择，针对的是集团企业在跨国经营过程中的数据跨境传输，要求跨国集团总部制定出经欧盟认可的数据处理的形式与流程。
[3]为实现下列目的进行数据处理是合理且必要的：出于履行数据主体订立的合同之必要；出于履行数据控制者法定义务之必要；出于保护数据主体的重大利益之必要；出于履行涉及公共利益的职责之必要；出于数据控制者追求合法利益之必要。

白名单机制下，其他国家需具备与GDPR规定相同的保护水平，才能将欧盟的个人数据直接传输至本国境内。中国暂未被列入欧盟充分性认定白名单，上汽、德赛西威等企业业务数据从欧盟地区传输至国内，只能采取GDPR规定的其他豁免途径。

第三方国家或地区在未获得充分性认定前提下，数据控制者或处理者须采取签订标准合同、约束性企业规则、认证机制或行为准则等适当保障措施，为数据主体提供可执行权利与有效法律救济措施，也能将个人数据传输至这些国家或地区。对于集团内部的数据跨境，上汽、吉利等中大型跨国汽车企业可选择约束性企业规则，即提交集团内部遵守欧盟数据保护法规的文件或制度陈述。对于企业间个人数据跨境，签订标准合同的方式更普遍。

需注意的是，欧盟标准合同条款中数据跨境传输并不属于必须进行数据保护影响评估的场景，只有监管机构要求时，企业才需提供评估记录。但为了在最大限度上满足欧盟监管要求，企业可参考我国标准合同要求，在事前积极进行个人信息影响评估并保存评估记录。此外，欧盟也为企业保留使用例外条款，在获得数据主体同意或履行合同所必要等前提下，企业可跨境传输个人数据至第三方国家或地区。

四、缓解汽车企业数据安全双重合规压力的策略

1. 试行"管用分离"制度

采用"管用分离"制度将跨境企业数据控制权和使用权进行分离。本土企业作为数据控制者，拥有数据控制权和管理权。跨国企业仅作为数据处理者，仅有数据使用权，可以使用这些数据进行技术迭代和提供服务，但不具备直接访问数据的权限。

2. 充分考虑汽车行业的特殊性，出台专项数据跨境流通管理措施

由于汽车行业具有规模大、数据杂、产业链长、全球协作强等特点，《汽车数据安全管理若干规定（试行）》是监管机构针对汽车行业特点采取的特殊监管措施。考虑到数据跨境流通对于我国汽车产业国际化发展的推动作用，建议针对汽车行业也出台专项数据跨境管理措施。

3. 借鉴国际经验进一步完善我国数据跨境管理

借鉴欧美博弈经验，我国既要参考国际规则完善国内数据跨境管理要求，提升我国法律法规的国际衔接性及数据保护能力，推动加入 CPTPP、DEPA 等高标准经贸协议，主动对照数据相关规则、规制、管理、标准等，同时也要在我国与多个国家、地区建立的良好合作和信任基础上，以"一带一路"、自贸区、区域

经济合作伙伴等的国家和地区为重点，围绕数据传输、交易、共享和利用方面达成共识并积极开展合作，通过完善的安全防护能力认定机制推进制定与相关国家数据流动双边协议，或制定白名单机制，降低企业拓展国际市场的数据门槛。

充分参考国外适用范围广泛的标准，对于适合我国管理体系的标准和要求可直接采纳，不适合的标准和要求可在最大限度降低冲突的目标下进行调整，保障我国数据安全监管体系与其他国家数据安全监管体系的融通性，为后续数据标准互认奠定基础。

4. 围绕产业发展共性需求，加强数据安全服务供给

一方面，加强第三方和公共数据安全服务供给，采用多重措施降低服务成本。积极培育和建设数据安全法律法规解读、合规咨询、合规认证、技术服务、解决方案等第三方服务机构和公共服务平台，强化数据安全服务输出能力。参照我国在中小企业公共服务领域的经验做法，采用发放服务券、给予服务津贴等多种方式降低企业获取服务的成本。

另一方面，构建国家级数据法律法规政策服务平台。由政府牵头，构建全国性、开放的数据安全法律法规政策服务平台，在实现国内数据安全法律、条例、规章、办法、标准检索和查询的基础上，实现国际上主要汽车贸易国数据安全法律法规汇总和查询。平台能够将实时更新、发布的法律法规内容及解读推送给企业，既能避免企业耗费大量时间解读法律法规或是解读错误，帮助企业及时进行适配性调整，也便于第三方服务机构高效开展数据安全配套服务。

5. 汽车企业要变被动为主动

当前各省市数据跨境传输申报数量较大，监管部门评估压力极大，评估周期较长且通过率不高，企业要主动对照优秀申报案例，尽可能提前完善申报材料。同时，我国汽车数据出境已形成基础体系框架，但缺乏落地的细则和制度，很重要的一个原因是监管部门没有足够的精力。企业要改变被动等待文件出台和实施策略，积极提出适用办法给监管部门以参考，推动管理更快完善。

第五章
测绘合规

一、测绘地理信息数据与智能网联汽车的相互关系

汽车智能化感知器件的应用,扩大了汽车对环境数据的采集范围,其中涉及地理信息数据。2022年上半年,L2级辅助驾驶乘用车市场渗透率达到30%。大众ID、广汽埃安、北汽极狐、蔚来、小鹏、零跑等汽车品牌推出的新车型几乎都包含摄像头、毫米波雷达,有部分中高端车型额外配置了激光雷达、高精度地图(表5-1)。其中,激光雷达会采集点云信息,摄像头会采集影像数据,毫米波雷达会采集距离信息,这些数据均属于地理信息数据范围。

表5-1 各企业主流车型的传感器数量及类型

企业	品牌及车型	传感器数量及类型
大众	ID.6	20个:1个前视摄像头、4个环视摄像头、3个毫米波雷达、12个超声波雷达
广汽	埃安LX Plus(高配)	33个:3个激光雷达、8个高清摄像头、4个环视摄像头、6个高精毫米波雷达、12个超声波雷达
东风	岚图追光	31个:8个前后侧视摄像头、4个环视摄像头、5个毫米波雷达、12个超声波雷达、2个高精度定位单元

(续)

企业	品牌及车型	传感器数量及类型
吉利	极氪 001	28 个：15 个高清摄像头、1 个超长距离毫米波雷达、12 个短距离超声波雷达
北汽	极狐阿尔法 S HI 版	34 个：3 个激光雷达、9 个摄像头、4 个环视摄像头、6 个毫米波雷达、12 个超声波雷达
特斯拉	Model Y（Autopilot）	22 个：9 个摄像头（8 个环视和 1 个车内）、1 个毫米波雷达、12 个超声波雷达
蔚来	ET7	33 个：11 个 800 万像素高清摄像头、1 个超远距离高精度激光雷达、5 个毫米波雷达、12 个超声波雷达、2 个高精度定位单元、1 个车路协同感知单元、1 个增强驾驶人感知
小鹏	G9	31 个：2 个激光雷达、12 个摄像头、5 个毫米波雷达、12 个超声波雷达
理想	L9	25 个：1 个激光雷达、6 个 800 万像素摄像头、5 个 200 万像素摄像头、1 个前向毫米波雷达、12 个超声波雷达
零跑	C01	27 个：1 个双目摄像头、1 个车内摄像头、4 个盲区摄像头、4 个环视摄像头、5 个毫米波雷达、12 个超声波雷达
哪吒	S	30 个：2 个激光雷达、2 个前视摄像头、4 个环视摄像头、5 个周视摄像头、5 个毫米波雷达、12 个超声波雷达
上汽	智己 L7	29 个：11 个车外高清摄像头、1 个车内摄像头、5 个毫米波雷达、12 个超声波雷达

注：信息由中国电动汽车百人会智能网联研究院整理。

地理信息数据在企业产品迭代及提供更优质服务时具有重要价值。高精度地图绘制以及自动驾驶技术的环境感知、行为决策、姿态控制和算法升级等高度依赖影像数据、卫星导航定位、惯性导航、激光雷达点云数据等地理信息数据。

除了定位、导航等基础服务，地理信息数据与其他类型数据或技术相结合，有助于企业推出更多创新产品和个性化服务。例如，企业通过分析车主位置轨迹数据和驾驶习惯数据，能推出千人千面的保险服务，针对行驶路线简单、驾驶平稳的车主，保费相对便宜。企业也能对车外环境数据进行标注再汇集成场景库，以优化车辆仿真测试效果。

智能网联汽车采集和使用的测绘地理信息很容易涉密涉敏，一旦泄露将影响国家安全。地理信息数据早期用于支撑国家工程和国家经济建设，近几年人们才在汽车领域探索地理信息数据的社会化应用。由于地理信息数据具有定位特征，可能记录周边位置的视觉图像，一旦遭到泄露或非法采集，轻则泄露个人隐私，重则暴露涉军涉密等敏感信息，危及国土及军事安全。

例如，量产车如果没有安装偏转插件，很容易采集到军事禁区点云、实景影像或导航电子地图。车端传感器采集的数据在云端汇集后，将形成包含公开和非公开数据的全国路网数据。若掌握了从图商获得的公开路网数据，很容易把军用公路提取出来，从而影响国家安全。

如何在安全管理的基础上兼顾数据价值释放，促进数据共享利用，成为行业迫切需要解决的问题。

二、国内测绘地理信息政策法规要点解读

1. 划定测绘地理信息安全红线

属于国家秘密的数据以及原始地理信息数据涉及国家安全，要遵循《测绘法》、《测绘地理信息管理工作国家秘密范围的规定》（以下简称95号文）、《关于促进智能网联汽车发展维护测绘地理信息安全的通知》（以下简称1号文）等法律法规要求，数据处理和应用需在安全合规基础上开展，具体要求如下。

企业或单位只有在取得资质前提下才能开展相应测绘活动；测绘地理信息原始数据或者裸数据未经脱敏处理不得向非测绘资质主体提供；涉密数据不得公开使用。例如，95号文规定，"军事禁区以外平面精度优于（含）10米或地物高度相对量测精度优于（含）5%且连续覆盖范围超过25平方千米的三维模型、点

云、倾斜影像、实景影像、导航电子地图等实测结果"属于秘密级数据，不能直接公开使用。此外，具有一定精度且连续的实景影像或激光点云数据可以重建出较高精度的地图，这类数据会涉及国家秘密，需严格执行保护。

2. 明确测绘地理信息管理对象

测绘行为主体是地理信息数据的汇集和持有者。1号文规定，在运行、服务和道路测试过程中对车辆及周边道路设施空间坐标、影像、点云及其属性信息等地理信息数据进行采集、存储、传输和处理的行为，均属于《测绘法》规定的测绘活动。即对测绘数据进行汇集和持有的主体，归属于测绘行为主体。其中，车载传感器制造和智能网联汽车制造、集成、销售等不涉及测绘地理信息数据的汇集和持有的活动，不属于法定测绘活动；使用家用行车记录仪、视觉训练、仿真模拟行为也不需要取得任何测绘资质；驾驶人员及乘客仅享用基于测绘地理信息数据的定位、导航以及自动驾驶等服务，不属于测绘行为主体。

值得注意的是，企业在车端采取"即采即用即抛"处理方式，即相关测绘地理信息数据采集和处理仅发生在车端，不会向包括汽车企业在内的任何第三方传输的情形下，企业不需要申请测绘资质。"车端即采即用即抛"方式之外的收集、存储、传输和处理等测绘活动应与有测绘资质的企业合作开展。

3. 细化汽车领域测绘资质要求

企业可以根据自身需求以及所具备的条件选择具体测绘资质类型。地理信息工程资质能满足场景库采集要求；回传数据脱敏处理必须由编制导航电子地图的测绘资质单位执行；利用时空数据/地理信息数据或地图提供互联网地图服务，必须取得互联网地图服务资质。

例如，导航电子地图乙级资质能有效解决汽车企业、自动驾驶解决方案商上路测试的问题。只要拥有乙级资质且在地方政府允许的前提下，企业就可以在全国测试区、测试道路合规采集数据、传输数据并进行算法训练。

4. 明晰测绘地理信息数据出境安全合规义务

测绘地理信息数据跨境传输需经过合规程序审查。其中，对于涉密数据，依法履行对外提供审批，未经处理和审查，测绘地理信息数据不能出境，裸数据也不能出境。对于不涉密数据，通过地图审核程序即可。

企业难以判断数据是否涉及国家秘密且计划向境外提供测绘地理信息数据前，需要与主管部门进行沟通，自觉履行相关部门要求。数据出境行为达到《数据安全法》《个人信息保护法》《数据出境安全评估办法》《汽车数据安全管理若干规定（试行）》等法律法规规定的安全评估门槛的，还应依法向国家网信办等主管部门申报数据出境安全评估。

三、世界主要国家测绘地理信息管理比较

1. 世界主要国家均设部门对测绘地理信息进行管理，管理层级有明显差异

欧美国家没有设立完整的测绘地理信息行政管理体系，地方也不设置独立的测绘行政管理机构，但政府通过行政命令和法律法规实现对测绘行业的宏观调控。

例如，美国仅设置了联邦地理数据委员会（协调机构），具有协调数据发展、使用共享，以及制定数据安全相关标准等职责。美国测绘地理信息监管分散在国防部、商务部和内政部等。英国既没有测绘独立立法，也没有独立管理部门，由军械测量局（企业组织）管理全国测绘工作。英国测绘领域没有固定国家财政投入，主要依靠市场机制解决发展投入问题。

我国与日韩相似，设立了相对独立的测绘地理信息主管部门，具有完善的测绘行政管理体系和基础测绘保障体系。我国由自然资源部负责管理测绘地理信息，统一管理导航电子地图制作甲级测绘资质、审图以及涉密数据对外提供审批等。日本实行中央、地方两级测绘行政管理体制，由日本国土交通省国土地理院主管，下设九个地方测量部。韩国则由国土交通部负责（表5-2）。

表5-2 部分国家地理信息监管部门及职责

国家	管理部门	机构性质	针对测绘行业的主要职责	相当于我国的层级
美国	联邦地理数据委员会	协调机构	协调各部门数据发展、使用共享,以及制定数据安全相关标准	事业单位 类似国家工业信息安全发展研究中心
英国	军械测量局	企业组织	管理全国测绘工作,财政投入主要依靠市场机制解决	央企 类似中国汽车技术研究中心有限公司
日本	国土交通省国土地理院	行政机关	测绘成果汇交、保管、提供使用	部委
韩国	国土交通部	行政机关	市场准入、数据跨境流动、外商投资等管理	部委
中国	自然资源部	行政机关	管理测绘地理信息,统一管理导航电子地图制作甲级测绘资质、审图以及涉密数据对外提供审批等	—

注:信息由中国电动汽车百人会车百智库研究院整理。

2. 各国高度控制地理信息数据跨境流动[一]

美国主张地理信息跨境自由流动,而对涉及国家安全和核心利益的地理信息数据跨境流出进行严格规制,使数据"流入不流出"。当前很多在美开展自动驾驶业务的中国公司,向我国传输地理信息数据都受到很大限制。

欧盟主张在保护个人信息的前提下有条件流动,涉及个人信息的地理信息数据,要按照《通用数据保护条例》进行保护。而除了个人数据和限制访问数据之外,欧盟各国对地理信息数据跨境流动限制较少。如德国《联邦州地理空间数据基础设施法》要求,使用地理信息数据要保护好个人数据传输的保密性

[一] 信息来源于贾宗仁、李方舟、朱妍、薛超《国际地理信息跨境流动政策及借鉴研究》。

和完整性。

我国更强调数据安全保护，地理信息数据跨境传输需经过严格的合规程序审查。对于涉密数据，依法履行对外提供审批，未经处理和审查，测绘地理信息数据不能出境，裸数据也不能出境。对于不涉密数据，通过地图审核程序即可。在此基础上，数据出境行为达到《数据安全法》《个人信息保护法》《数据出境安全评估办法》等法律法规的安全评估门槛的，还应依法向国家网信办等主管部门申报数据出境安全评估。

尽管各国数据主权战略存在差异，但普遍都将地理信息作为与国家安全、公共安全和个人隐私高度相关的特定领域数据，多数国家将其纳入"重要（敏感）数据"范畴（表5-3），实施严格的跨境流动监管。

表5-3 部分国家地理信息分级

国家	地理信息分级	涉密地理信息类型概述
美国	主要划分为涉密、受控非密及一般地理信息三类 涉密信息分为绝密、机密、秘密	1）军事计划、武器系统或作战行动 2）情报活动（包括秘密行动）、情报来源或方法，或密码学 3）与国家安全、科学技术有关的信息 4）美国政府保护核材料或核设施的计划 5）与国家安全有关的系统、设施、基础设施、项目、计划 6）涉及大规模毁灭性武器开发、生产或使用的信息
英国	分为绝密、保密、秘密和有限保护四级	包括涉及国家安全和情报、国防、国际关系、公共秩序等方面的信息，主要存在于政府公务当中
德国	绝密、机密、秘密和仅限公务使用	涉及对外安全、外交事务、国内安全等的信息
日本	分为机密性信息、完整性信息和可用性信息	从防卫、外交、反间谍活动和反恐4方面，列举了属于特定秘密的55个事项 明确由卫星搜集的情报及影像可被列为特定秘密
韩国	分为非公开、限制公开和公共三类	1）按照航摄影像、卫星影像、电子地图、海洋地理信息等类别进行分级，涉及军事设施、国家安全设施的地理信息被列为非公开地理信息 2）航摄影像和卫星影像二维坐标精度超过30m、三维坐标精度超过90m、大于1:1000的地图等高线和高程点被划为限制公开数据

(续)

国家	地理信息分级	涉密地理信息类型概述
中国	分为绝密级、机密级、秘密级三个级别	1) 危害国家统一和主权、领土完整的数据；国防安全内容，包括专用铁路及站内火车线路、铁路编组站、专用公路等 2) 军事设施、军事禁区，以及国防、军事管理区、涉密单位及其内部设施等；国家规定的与公共安全相关的单位和设施；涉及国家经济命脉的设施 3) 涉密地理信息数据，包括重力数据、测量控制点，以及未依法公布的空间平面坐标数据和高程数据等；未依法公布的地理信息数据

注：信息由中国电动汽车百人会车百智库研究院整理。

3. 欧美对本土企业测绘资质准入管理相对宽松

美国更重视事中事后监管。针对测绘行业，除商业遥感领域专门设置市场准入外，其他领域均没有设置市场准入，本土企业获取测绘地理信息基本不受制约。德国地理数据采集无须申请资质，相关数据和数据服务对公众开放，企业、个人取得信息访问授权即可获得。

与之相比，我国设置了多种资质类型对测绘活动、地理信息数据进行管理。企业获得地理信息系统工程测绘资质才能采集和持有地理信息数据，对地理信息数据进行脱敏处理和制图等需要导航电子地图制作测绘资质，提供互联网地图服务还要获得互联网地图服务测绘资质。其中，甲级资质比乙级资质的作业范围更广、限制更少，申请难度也更大，目前仅有19家企业获得导航电子地图制作甲级测绘资质。

我国在严格监管的同时也为自动驾驶行业发展保留了一定空间，企业只要拥有导航电子地图制作乙级测绘资质且在地方政府允许的前提下，就可以在全国测试区、测试道路合规采集数据、传输数据并进行算法训练。

4. 欧美测绘地理信息共享程度更高

欧美鼓励地理信息数据公开，欧美政府生产提供的各种基础性测绘地理信息数据一般会对外公开，企业、个人免费或支付一定成本费用即可获得；而由其他民间生产商生产的数据，提供和使用方式由生产者自定。这种管理体制和服务制度大大降低了企业和公众使用地理信息的门槛，促进数据使用效率最大化，以及公众和政府分发、提供地理空间数据的消费成本最小化，为地理信息数据共享提供了很大的便利。

例如，美国管理与预算办公室（OMB）修订了《第 A – 16 号通告》（*Circular No. A – 16*），规定在不妨碍调查局正常制图工作的前提下，美国地质调查局应将数据提供给任何个人、企业、组织、州或外国政府，允许收取成本费以及 10% 附加费。同时，美国联邦地理数据委员会也围绕地理信息数据的分发、共享、使用等出台了细化指南。

英国地理信息数据允许通过公开交易进行共享流通。《公共部门信息再利用规则》规定，除《信息自由法》内列出的涉及情报安全机构信息、公众利益信息、个人信息三类豁免公开信息外，包括地理位置信息在内的其他信息都可公开获取。在获得公共部门机构许可的前提下，拥有信息版权的主体可对获取的地理信息进行再利用。军械测量局作为英国最大的测绘地理信息机构，主要经费来源就是销售地图产品、服务以及版权授权。

与欧美国家对比，我国针对数据共享、数据交易的顶层设计已有规划，但仍缺乏落地可执行的制度。我国地理信息社会化应用处于初级阶段，多数企业以承揽测绘工程项目为主，地理信息数据应用普遍停留在地图可视化和空间查询层面，未发挥地理信息在提高决策水平和效率等方面的作用。

四、测绘地理信息在汽车行业应用面临的难题

1. 面向汽车行业的细化指导不足

95 号文和 1 号文等测绘地理信息政策法规虽已明确，但由于缺乏解读和指导，汽车企业、自动驾驶解决方案商、图商对同一要求的理解存在偏差，只好按

照最严格的标准执行。例如，激光点云、影像等数据，不一定因为精度优于 10m 或范围超过 25km² 就直接涉密，但目前仍未有细则指导企业如何识别汽车采集数据的涉密情况。

2. 产业链各方权责划分不明确

地理信息数据权责划分不明确，导致地理信息数据对汽车企业开放的边界、各方主体安全责任边界定义尚不明确，制约产业链合作模式建立。

例如，汽车企业、自动驾驶解决方案商均可利用影像、激光点云等数据自动化生成部分地图图层，若图商只做数据监管，数据使用由汽车企业或自动驾驶解决方案商独自开展，则存在资质租赁嫌疑，但各主体如何开展合作仍缺乏指导。

3. 测绘地理信息标准体系建设滞后，部分标准更新不及时

为全面推动智能汽车基础地图标准体系制定与产业健康有序发展，自然资源部组织编制了《智能汽车基础地图标准体系建设指南（2023 版）》。但该指南发布不久，很多标准处于待制定状态，无法有效指导相关企业安全合规地利用数据。

测绘地理信息数据交换格式、安全传输等缺乏统一标准。汽车企业为实现人机共驾一张图，需要高精度地图与导航地图统一挂接。但导航地图与高精度地图通常由不同的图商提供，图商之间数据采集、处理设备与方式各异，导致格式不统一，加大了汽车企业地图产品选择难度和不同地图产品关联的技术难度。数据不同源、传输协议不一致，也会加大数据汇集、处理难度。

当前标准中部分地理信息数据虽归为机密或秘密数据，但利用卫星或其他技术方案很容易获取，将此类影像数据定义为涉密数据已不合时宜。例如，谷歌地球影像分辨率可以达到 1 米，利用这部分影像数据绘制的地图精度最高可达 0.5 米，超过 95 号文第 22 条"军事禁区以外平面精度优于 10 米或者地面分辨率优于 0.5 米、且连续覆盖范围超过 25 平方千米的正射影像"规定的精度要求。

4. 审图仍采用"人工肉眼"审核法[一]，效率有待提升

自然资源部地图技术审查中心工作人员仅有几十人，但 2016—2022 年，地图审核申请数量已从 4000 余件增至 8000 余件。成倍增加的审核工作量导致审图周期较长、审核效率偏低。据调研，当前常规地图审核需要 20 个工作日，难以满足高精度地图高时效、大范围、大批量的审图需求。

5. 缺少协同引导管理，图商之间绘图重复造成资源大量浪费

政府部门、行业机构未发挥协同作用，企业共享基础性测绘成果的意愿低，各图商基本采用独立制图的方式（表 5-4），彼此间进行了很多重复基础测绘工作。而城市道路高精度地图覆盖范围广、更新频率高，继续采用传统制图方式行不通。

表 5-4 部分图商高精度地图产品概览

图商	百度地图	高德地图	四维图新
精度（定位误差）	5~10cm	10cm	10cm
地图更新频率	每月	每季度	每季度
目前进展	已采集 30 万 km，包括高速公路和城市快速路	已采集全部高速公路和部分城市快速路	已采集超过 35 万 km，包括全部高速公路和部分城市快速路

注：信息由中国电动汽车百人会车百智库研究院整理。

6. 安全技术无法满足测绘地理信息数据合规利用要求

地图偏转插件很难既保证数据安全，又满足自动驾驶数据精度需求。车端如果没有安装偏转插件，那么获取的空间位置坐标平面精度必定优于 10m，会构成机密级数据，有涉密数据泄露风险。而安装偏转插件会在传统地图上产生随机抖

[一] 来源于陈军院士等人的《地图审核的智能化问题与发展方向》。

动,抖动幅度最大可达 1.7m,可能会导致定位结果跳变、车道匹配错误,影响汽车行驶安全。

缺乏可信环境制约测绘地理信息数据流通。隐私计算、区块链等技术仍处于规模化商用前期,安全性能、不同技术间融合、场景化、透明度等方面需进一步提升。当前的数据合规流通基础设施,无法为地理信息数据提供可信流通环境[⊖]。

数据传输防护技术不够强健,很难充分保障测绘地理信息数据流动和共享安全。数据传输过程中,密钥分发机制未明确,是企业自己制作还是国家统一分发尚无定论。同时,国密算法量产应用很少,如何选择不同等级的国密算法,以匹配涉密信息系统安保等级的差异化要求缺乏细则和标准指导。

7. 自动驾驶技术迭代对测绘地理信息需求不明确

当前各家自动驾驶技术路线和进展不同,无论是依赖摄像头的纯视觉方案,还是依赖激光雷达、高精度地图的增强感知方案,对地理信息数据类型、精度与广度的需求均无定论。

自动驾驶功能实现路径存在分歧,对地图的需求存在差异。部分企业采用"重感知、轻地图"模式,认为依靠摄像头、激光雷达等车端传感器,并辅以普通导航电子地图,即可满足城市领航辅助等自动驾驶功能要求;部分企业认为,高精度地图可以为自动驾驶提供超视距感知,增加自动驾驶感知冗余,更有助于系统做出准确规划,是自动驾驶所必需的。

8. 城区高精度地图落地受更新频率、覆盖范围、成本等制约

城区高精度地图很难实现日/周级更新。高速公路高精度地图更新主要依赖图商自有采集车,且头部图商基本以月度、季度为单位进行更新。而城市道路复杂且变化快,若要保证地图对高级别自动驾驶决策规划的支撑效果,可能需要地图达到日/周级更新。按照全国高速公路里程约 16 万 km 计算,若 1 辆采集车单日采集有效里程为 100km,那么 100 辆采集车需要 16 天才能将地图更新一次。

⊖ 来源于何宝宏《隐私计算+区块链:让数据真正成为生产要素》。

全国城市道路近千万千米，保持有效更新频率难度很大。

高精度地图全面覆盖我国近千万千米城市道路难度较大。据专家反馈，头部图商已基本完成 30 多万 km 全国高速公路和城市快速路高精度地图采集和制作，对于中国城区道路的覆盖比例仅 3% 左右，远无法满足自动驾驶大范围落地的需要。

城区高精度地图制图及维护成本高。高精度地图成本主要包括前期大范围制图成本和后期高频更新成本，需要企业长期对数据采集和存储、数据处理环节的物力和人力进行投资，任何一家汽车企业和图商都无力独自承担。

在不考虑因数据质量问题而重复采集的前提下，以单辆采集车每天采集 300km 道路计算，实现全国千万千米城区道路数据日级更新，粗略估算需要超过 3 万辆采集车，专业采集车成本在 100 万元左右，硬件成本投入超过 300 亿元[一]。考虑到设备日常维护及更新换代成本，硬件成本还会进一步拉升。

此外，采集的数据需要大量人力实现数据标注、质量检测等工作。对于全国 30 万 km 高速公路和城市快速路，个位数的人员数量就可维护并保证高精度地图质量。但城市道路路况复杂，单个城市采集的数据每天上报错误达上千个，任何一个城市的高精度地图维护成本都远超全国的高速公路。短时间内没有图商能够独自实现全国三百多个五线及以上城市高精度地图覆盖和更新。

众源更新落地仍是难点。众源更新可以解决城区高精度地图更新频率、覆盖度以及成本问题。但众源方式下，图商之间数据迭代、成果归属、汽车企业和图商之间的工作边界等问题仍不明确，制约众源更新落地。

五、促进测绘地理信息在汽车行业的应用

1. 通过机制创新、信息化技术等手段提升审图效率

以 95 号文为基础进一步将测绘地理信息分类分级，并区分不同涉密等级的

[一] 当前测绘采集设备包括专业测绘车辆、无人机、步行采集员等，道路数据采集仍以专业采集车辆为主。

使用场景。在部分涉密等级较低的场景下试行备案制或企业责任制审图等多种创新模式，通过强化后期监管适当放宽准入，提升审图效率。例如，效仿手机地图兴趣点（Point of Interest，POI）更新模式，对于车道线改动等部分更新信息属性变化，且与地理信息安全没有太大或直接关系的情况，可以3个月或6个月进行一次备案，后期再进行定期抽查。

同时，统一测绘地理信息的数据交换格式并建立线上送审平台，拓展地图送审渠道。进一步试点国家、省级地图在线协同共审工作模式，并采用新一代信息技术研发自动审查工具链，推进地图审核智能化。

2. 出台汽车领域测绘地理信息合规指南

建议由监管部门牵头、行业机构主导出台测绘地理信息数据合规指南手册，对现行政策、法规进行详细解读，明确"高压线"和"雷区"，统一汽车企业、图商、一级供应商（Tier1）对政策法规的理解。例如，明确汽车涉密涉敏数据的类型及范围，明确需要获取资质的具体场景，明确测绘地理信息数据对汽车产业的开放程度等。

3. 细化并统一测绘地理信息数据技术规范和标准

借鉴通信、互联网等成熟行业国际标准制定规则，细化测绘地理信息相关标准，澄清模糊标准条款，引导汽车企业、图商等企业按照统一技术标准执行。更新过去基于卫星、遥感技术、仪器设备等定义的技术指标、数据和管理要求。进一步细化测绘地理信息数据分类分级，统一测绘地理信息数据格式、信息处理等标准，降低不同图商数据关联难度。

逐步推进测绘地理信息数据标准协同制定，优先出台安全合规相关标准，再逐步推进应用方面标准制定。新标准制定过程中吸纳更多汽车企业参加，避免出现各方主体对同一法规、标准存在理解偏差的问题。

4. 进一步规范地理信息数据权责划分

由资质企业负责管理原始数据并承担数据安全责任。若存在委托采集处理协议，资质企业应对这部分数据严格保密，且处理后的数据归委托企业所属，委托企业有权对这部分数据进行二次共享、交易，以优化脱敏后数据的开放范围。

5. 通过试点开展地理信息数据应用实践

地理信息数据权责界定、监测机制、应急处置等制度可以先在小范围、特定环境、低速场景中进行示范和应用，并对数据存储、传输和使用等安全防护技术进行多种场景反复验证。在保证安全的情况下，扩大试点范围，并总结成功经验，为监管部门制定完善的数据安全管理机制提供参考和依据。

6. 引导多方合作，合力推动城市高精度地图应用

首先，由机构牵头解决行业共识问题。明确汽车企业需要多高精度、多广覆盖度的地图，形成行业统一标准。基于新标准，逐步放开高级辅助驾驶地图在城市普通道路上的应用。

其次，由机构联合汽车企业、图商建立联盟或公共服务平台，推动技术攻关、应用实践，以及协助政府推进相关标准建设。统筹产业开放共享合作，促进基础地理信息数据共享，减少汽车企业、图商之间的重复性、通用性工作。

最后，在城市中逐步建立高精度地图应用示范区，划定地理信息数据边界，探索汽车智能化发展对地图精度的需求，并进行高精度地图商密算法、偏转加密等安全技术验证，由企业形成统一共识后反哺法规、标准落地。

第六章
标准建设

一、汽车数据标准建设最新进展

目前汽车数据安全法律法规已基本明确，对数据分类分级管理、数据全生命周期安全保护、数据开发利用和共享，以及数据入境安全管理方面均提出了管理要求。目前，工业和信息化部、自然资源部先后发布《车联网网络安全和数据安全标准体系建设指南》（以下简称《标准体系建设指南》）和《智能汽车基础地图标准体系建设指南（2023版）》，以及《国家车联网产业标准体系建设指南（智能网联汽车）（2023版）》，为汽车数据安全标准落地提供框架。但与之配套的标准制定较为滞后，很难为产业网络、数据安全落地提供操作性指引。《国家车联网产业标准体系建设指南（智能网联汽车）（2023版）》网络安全与数据安全相关内容承接自《标准体系建设指南》，以下统计数据仅以《标准体系建设指南》《智能汽车基础地图标准体系建设指南（2023版）》两份标准体系指南为主，未考虑除此之外的安全标准。

1. 汽车数据安全标准框架初步形成

2022年3月，工业和信息化部发布的《标准体系建设指南》成为统领我国车联网标准体系建设的纲领性文件。该指南聚焦总体与基础共性、终端与设施网络安全、网联通信安全、数据安全、应用服务安全和安全保障与支撑共 6 大方面，规划了 103 项标准，兼顾了共性需求和车联网关键环节、要素的差异化需求，框架覆盖面广、完整性高，为车联网网络和数据安全标准制定提供有效指导。此外，与 2021 年 6 月发布的《车联网（智能网联汽车）网络安全标准体系建设指南》（征求意见稿）相比，《标准体系建设指南》最大的变化在于将数据安全提升到与网络安全同等的地位，对于推进车联网数据安全保护具有重要意义。

2023 年 3 月，自然资源部组织编制了《智能汽车基础地图标准体系建设指南（2023 版）》，用于指导相关标准研制。为加强智能汽车基础地图标准规范的顶层设计，全面推动智能汽车基础地图标准体系制定与产业健康有序发展，该指南主要从基础通用、生产更新、应用服务、质量检测和安全管理 5 个方面，对智能汽车基础地图标准化提出原则性指导意见，推动智能汽车基础地图及地理信息与汽车、信息通信、交通运输、信息安全、密码等行业领域协同发展。其中，安全管理部分主要涵盖智能汽车基础地图数据及相关产品在不同场景下各智能终端存储、传输、使用和服务等业务环节的安全保护，全生命周期监测管理以及地图合规审查等内容（表 6-1）。

表 6-1 《智能汽车基础地图标准体系建设指南（2023 版）》安全管理相关标准

类别	标准名称	牵头单位	标准类型	状态
安全保护	导航电子地图安全处理技术基本要求	全国地理信息标准化技术委员会	强制性国家标准	已发布 GB 20263—2006
	智能网联汽车时空数据安全处理技术基本要求	自然资源部	强制性国家标准	已申请立项
	智能网联汽车时空数据传感系统安全检测基本要求	自然资源部	强制性国家标准	已申请立项
	智能汽车基础地图数据安全保护技术基本要求	全国地理信息标准化技术委员会	推荐性国家标准	已申请立项
	智能汽车基础地图数据传输安全保护技术规范	全国地理信息标准化技术委员会	推荐性国家标准	已申请立项
	智能汽车基础地图数据终端安全保护技术规范	全国地理信息标准化技术委员会	—	待研制

(续)

类别	标准名称	牵头单位	标准类型	状态
安全监控	智能汽车基础地图服务监控接入技术要求	全国地理信息标准化技术委员会	推荐性国家标准	预研中
安全监控	智能汽车基础地图众源更新监控基本要求	全国地理信息标准化技术委员会	推荐性国家标准	预研中
安全监控	智能汽车基础地图专有云安全控制技术规范	全国地理信息标准化技术委员会	—	待研制
安全审查	高级辅助驾驶电子地图审查要求	全国地理信息标准化技术委员会	推荐性国家标准	征求意见
安全审查	智能汽车基础地图数据安全审查技术规范	全国地理信息标准化技术委员会	—	待研制

注：信息由中国电动汽车百人会车百智库研究院整理。

2. 多项数据安全标准处于空白状态

数据安全重要性得到提升，但已发布标准较少，难以满足当前汽车产业数据安全管理制度建设、数据分类分级、数据出入境安全管理需求。

汽车产业数据安全防护尚处于起步发展期，大部分标准处于待发布和制定中的状态。已经发布的标准占比仅为13.16%，接近87%的标准还处于未发布状态，其中73.68%处于待制定状态，13.16%处于制定中状态（图6-1），距离真正建成具备实际指导和操作价值的标准体系还存在较大差距。从各细分领域的标准发布占比情况看（表6-2），产业界较为呼吁的数据分类分级、汽车数据通用要求仍未正式发布，无法满足当前产业合规发展需求。

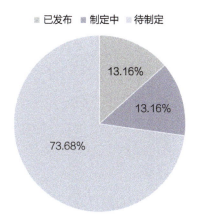

图 6-1 汽车数据安全标准发布总体情况

注：数据来源于北京信百会信息经济研究院，由中国电动汽车百人会车百智库研究院整理。

表6-2 汽车数据安全标准各细分领域发布数据统计

领域	已发布		状态		总数/项
	数量/项	领域内占比（%）	制定中/项	待制定/项	
总体与基础共性	0	0	0	6	6
终端与设施网络安全	4	19.05	4	13	21
网联通信安全	4	22.22	3	11	18
数据安全	4	22.22	5	9	18
应用服务安全	2	13.33	1	12	15
安全保障与支撑	0	0	1	24	25
汽车基础地图安全管理	1	9.09	1	9	11
总数	15	13.16	15	84	114

注：数据来源于北京信百会信息经济研究院，由中国电动汽车百人会车百智库研究院整理。

3. 未见数据安全管理体系的相关标准

健全的管理体系对汽车企业开展数据安全建设具有重要支撑作用，对于刚步入数据安全监管阶段的汽车产业来说，从管理体系层面给予企业明确指导，直接关乎数据安全措施的成效和可持续性。

多部法规均要求企业建立数据安全管理体系，但现有标准体系内未规划相关内容。智能网联汽车生产企业及产品准入条件已经增加对数据安全管理制度建设的要求，包括数据资产管理台账、数据分类分级管理、数据安全事件报告机制、数据风险评估机制等。从当前标准体系（图6-2）看，未见数据安全管理体系相关内容。据行业机构反馈，其参与制定的《智能网联汽车 数据通用要求》（征求意见稿）对企业数据安全管理体系建设设立了建设流程、指标要求、技术标准等方面的详细要求和规定，细化数据安全管理体系建设标准仍处征求意见状态。

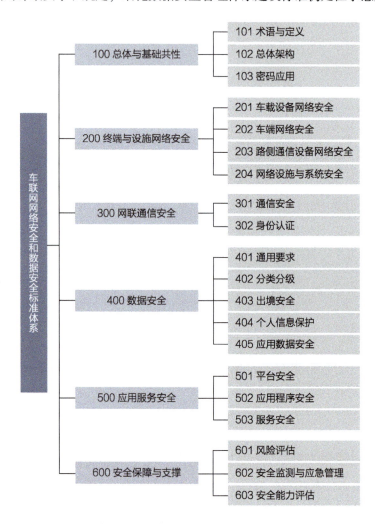

图 6-2 车联网网络安全和数据安全标准体系架构

注：信息来源于《车联网网络安全和数据安全标准体系建设指南》，由中国电动汽车百人会车百智库研究院整理。

二、企业落实法规条例缺乏标准指导

落实数据安全政策法规需要标准支撑，以更好地指导运营单位合法有效地保护、利用、管理数据。当前还没有行业通用的数据安全标准和技术细则，导致企业落实数据安全时缺乏具备可操作性的理论指导。

1. 数据安全管理制度细化流程和指标尚待推进，企业落实进展参差不齐

法律法规对建立汽车数据安全管理制度的要求已经明确，但缺乏具体建设流程和标准要求，导致企业在落实层面存在诸多困惑，建设进展参差不齐。

数据分类分级宽泛，缺乏具体标准，造成企业存在重复性工作，也为统一监管带来困难。数据安全的起点是数据分类分级，法律、法规、标准对汽车数据分类分级的划定提出了相关原则和要求，但定义影响及重要程度的具体标准没有出台，不同级别数据的边界难以界定（表6-3）。此外，不同级别数据的安全防护要求、技术手段、合规标准等内容均未明确，企业难以开展差异化管理。国家标准《智能网联汽车 数据通用要求》仍处于征求意见稿阶段，短期内产业界依然面临无标准可依的局面。

表6-3 汽车数据安全分类分级要求及标准

名称	类别	状态	内容
《数据安全法》	法律	2021年9月1日起施行	根据数据重要程度以及被破坏后的危害程度，对数据实行分类分级保护 提到重要数据和核心数据的概念，指出关系国家安全、国民经济命脉、重要民生、重大公共利益等数据属于国家核心数据
《网络数据安全管理条例（征求意见稿）》	条例	征求意见	数据分为一般数据、重要数据、核心数据，个人信息和重要数据重点保护，核心数据严格保护。处理一百万人以上个人信息的数据处理者应遵循重要数据规定

(续)

名称	类别	状态	内容
《汽车数据安全管理若干规定(试行)》	规定	2021年10月1日起施行	对个人信息、敏感个人信息、重要数据进行界定,并明确了属于重要数据的六类数据
《智能网联汽车数据通用要求》	标准	征求意见	提出了数据安全管理体系要求、个人信息和重要数据处理的全流程要求,以及相应的审核评估要求

注:信息来源于北京信百会信息经济研究院,由中国电动汽车百人会车百智库研究院整理。

缺乏具体的数据分类分级国家标准,企业依靠自身的判断和理解进行数据分类分级,存在资源浪费、进度推进缓慢、合规负担大等问题。一是企业对海量数据进行重新整合和分类,会带来大量数据清洗和过滤工作,不利于根据数据重要程度分级传输,造成通信流量浪费,增加平台负载压力,占用大量存储资源;二是部分汽车企业合规部门与业务部门对数据重要性的理解不一致,容易在数据分类分级时产生矛盾,致使进程缓慢;三是不同监管部门根据管理侧重点不同提出不同的分类分级方法,企业在满足不同监管主体要求时面临大量转换工作,增加企业合规工作量。

此外,由于汽车数据种类繁多、来源广泛、应用场景复杂,不同汽车企业根据自己理解和判断开展工作,数据分类分级"五花八门"(表6-4),也为统一监管带来困难。

表6-4 不同汽车企业数据安全分类分级

汽车企业	数据分类分级详情
吉利	汽车数据分为6类,包括基础属性类数据、车辆工况类数据、环境感知类数据、车控类数据、应用服务类数据、重要车控数据
徐工	将生态环境部要求的数据采集归为重要数据,发动机和工况数据定为核心数据,经纬度数据定为一般数据
集度	汽车采集数据分为5类,包括车辆基本数据、感知数据、决策数据、运行数据、用户数据

注:信息来源于北京信百会信息经济研究院,由中国电动汽车百人会车百智库研究院整理。

数据安全责任人和管理部门缺乏统一要求，影响工作推进成效。现行管理规定要求各汽车企业自觉开展安全自查和整改工作，逐步推进汽车数据安全治理工作。目前，各汽车企业开始搭建基本数据安全管理体系，但不同企业之间的重视程度和进展存在很大差异。重视数据安全工作的企业已成立由公司高层成员组成的数据安全管理机构，并由公司董事或招聘的首席数据官进行全面统筹和推进；而不重视数据安全工作的企业很可能仅由单独部门负责。企业数据安全管理涉及法务、业务、产品等不同部门间的沟通协调，牵涉人员众多，影响业务范围广，安全责任人或者管理部门的级别和权力不足很可能导致工作缺乏有效抓手，致使工作难以开展。

数据安全管理流程缺乏要求和标准，无法对企业形成具体工作指引。调研显示，企业普遍反映在建立数据安全管理制度时，对于应该以何种流程建立数据安全风险评估、监测预警、应急响应机制，机制建立后以何种指标进行评估，应急响应的优先级别如何划定等问题较为困惑，这些问题导致不同企业的数据管理机制建设进程存在明显差异。例如，徐工信息反映由于缺少对软件、硬件、管理制度与流程方面的标准与具体要求，企业在落实研发、生产与运营过程的数据安全管理时存在困惑，导致数据安全管理机制建设响应较慢、进度滞后。

汽车企业对整车数据安全负责，但缺乏要求和标准导致汽车企业难以监督供应商的数据处理行为。全国信息安全标准化技术委员会发布的 GB/T 41871—2022《信息安全技术　汽车数据处理安全要求》要求汽车企业全面掌握各零部件供应商采集、传输数据的情况，并对零部件供应商处理数据行为进行约束和监督。当前仍然缺乏标准指导汽车企业合法依规履行自身管理以及监督职责，具体情况如下。

一是自用且不共享的数据，汽车企业主要通过自我评估、管理以保障数据安全性，但评估指标、管理流程和测试要求仍不清晰、不具体。二是自用且共享给生态内合作伙伴的数据，汽车企业需要对合作伙伴进行审核评估和管理以保障数据共享的安全性，但由于一级供应商和二级供应商（Tier2）众多，管控难度很大，尚缺乏标准指导汽车企业对上游供应商进行约束和监督。三是通过车载

App、后装采集设备等越过汽车企业采集的数据,目前尚未明确规定汽车企业对这类数据采集行为的评估管理职责,也未有其他规定和标准明确这部分数据的采集要求,为汽车数据安全管理埋下隐患(图6-3)。

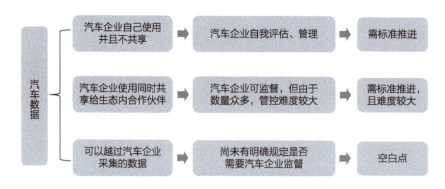

图 6-3 汽车数据类型及监管情况

注:信息来源于北京信百会信息经济研究院,由中国电动汽车百人会车百智库研究院整理。

2. 数据处理标准和技术保护要求尚未细化,影响数据安全防护效果

采取有效技术措施强化数据采集、传输、存储、使用、共享等过程的安全保护已经成为智能网联汽车生产企业与产品准入的要求,与之形成鲜明对比的是,汽车数据安全技术标准建设滞后,缺乏数据安全防护的技术要求、测试评价标准。

网络通信安全技术标准相对完善,数据安全技术标准有待补充。《车联网网络安全和数据安全标准体系建设指南》中共包含技术标准51项,其中网络通信领域的安全技术标准32项,占比62.75%,数据安全技术标准仅4项,占比7.84%(图6-4)。从具体内容看,网络通信领域技术标准相对全面,涵盖了车载设备网络、车载网络、路侧通信设备网络、网络设施与系统、身份认证、车联网平台等多个领域。而数据安全技术标准仅包括密码应用、分类分级数据安全、重要数据记录系统、网约车服务四方面,缺乏汽车数据异常行为监测、数据传输、数据销毁等更多的涉及汽车数据安全领域的技术要求,亟待进一步规划和加紧制定。

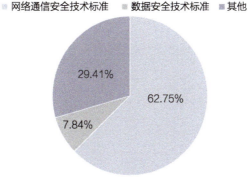

图 6-4 《车联网网络安全和数据安全标准体系建设指南》中技术标准占比情况

注:数据来源于北京信百会信息经济研究院,由中国电动汽车百人会车百智库研究院整理。

数据采集、传输、存储及使用技术标准有待明确,增加汽车数据安全隐患。TC260-001《汽车采集数据处理安全指南》对数据采集、传输、存储和出境方面进行了要求,内容主要聚焦指标定义、情境描述和时间要求等,未涉及数据处理相关技术指标。据标准编制机构反馈,以 TC260-001《汽车采集数据处理安全指南》为基础拓展的 GB/T 41871—2022《信息安全技术 汽车数据处理安全要求》依然有很多技术要求和指标没有明确。《智能网联汽车 数据通用要求》结合了汽车数据的分类分级,对重要数据和个人信息全生命周期提出具体技术要求,但由于其处在征求意见阶段,企业在落实安全防护技术应用过程中依然缺乏操作指引,导致技术合规性难以评定,甚至由于部署不到位遗留漏洞隐患,影响防护效果(表6-5)。

表6-5 数据处理要求和标准

发布/归口单位	状态	标准级别	名称	主要内容
全国信息安全标准化技术委员会	2021年10月发布	—	TC260-001《汽车采集数据处理安全指南》	将汽车数据分为车外数据、座舱数据、运行数据和位置轨迹数据,并针对不同数据在采集、传输、存储和出境等环节提出不同要求

（续）

发布/归口单位	状态	标准级别	名称	主要内容
全国信息安全标准化技术委员会	2022年10月发布	国家标准	GB/T 41871—2022《信息安全技术 汽车数据处理安全要求》	围绕《汽车安全管理若干规定》中车外个人信息匿名化、车内处理、默认不采集、显著告知等落地中存在的难点进行细化
全国汽车标准化技术委员会	征求意见	国家标准	《智能网联汽车 数据通用要求》	结合汽车数据的分类分级对重要数据和个人信息的全生命周期提出具体的技术要求

注：信息来源于北京信百会信息经济研究院，由中国电动汽车百人会车百智库研究院整理。

3. 自动驾驶领域数据安全标准缺失，制约产业创新发展

智能网联汽车技术发展对数据质量要求较高，需要在数据处理方面进行特殊考量。自动驾驶、智能座舱等智能化功能的实现都依赖对车载数据、路况数据、驾驶人和行人数据的综合分析，对数据精度、质量、类型等提出很高要求。例如，驾驶人检测功能需要采集驾驶人面部表情、心率等类型的数据用于判断驾驶人健康和精神情况；自动驾驶功能需要采集道路信息，精准识别行人，并及时做出转弯、制动、减速等执行动作。

自动驾驶数据安全标准尚未明确，企业技术研发过程存在顾虑。针对自动驾驶技术，尚未形成明确的数据精度、脱敏要求等标准，企业进行数据采集和处理时仍存在困惑。安全认证、测试管理的流程和标准缺失，增加了自动驾驶系统运行过程中信息安全风险预测、感知、监控难度。

高精度地图标准体系建设滞后，无法与智能网联汽车发展需求配套。高精度地图相关要求只是零散地分布在地图测绘标准当中，没有形成体系化的标准，高精度地图标准的框架范围、发展方向和建设重点尚不明确，如高精度地图的精度范围和广度范围等。我国目前仅在高精度地图数据模型、交换格式方

面出台了团体标准，在数据服务、关键技术、数据评估等方面均存在标准缺失问题。

三、推进数据安全标准有效落实的策略

1. 明确标准体系建设原则，推动急用标准出台

汽车网络和数据安全标准体系尚不完善，在满足产业长远发展需求的前提下，应遵循"急用先行"原则开展汽车数据安全标准制定。既要根据已规划的标准体系加快重点标准研制，也要面向产业当前的迫切需求，不断拓展规划之外但需求迫切的标准，如汽车安全芯片、加密传输等亟待上车应用的安全技术标准。

2. 优先推动已规划的标准制定

《车联网网络安全和数据安全标准体系建设指南》规划的数据安全标准多数处于待制定状态，要加快研制，避免由于标准缺失而影响汽车企业落实汽车数据安全管理要求。

一是加快数据安全分类分级标准制定和出台。明确个人数据、重要数据、核心数据的重要程度和影响程度，出台针对不同数据的具体管理策略和方法，帮助企业落实数据分类分级管理。

二是在标准体系内增加数据安全管理制度建立的流程要求和评估指标。在现有标准体系框架的基础上，补充缺失的汽车数据安全管理制度。可通过征集数据安全管理制度建设相关优秀案例，总结梳理经验和方法，并形成标准。一方面指导企业建立完善合规的数据分类分级管理、监测预警、应急处置、安全评估等制度；另一方面，明确汽车企业对于供应商数据采集行为的监督约束标准，形成具体明确的操作指引。

三是完善并细化数据处理标准和技术保护要求。基于汽车数据全生命周期处理行为，制定相应的安全防护技术指南和合规测试评价标准。尽快推动《智能网

联汽车　数据通用要求》等标准出台，并围绕汽车数据分类分级、采集、传输、脱敏、使用、审计和销毁等处理环节提出详细的数据防护要求。

四是完善自动驾驶数据处理和高精度地图标准建设。在当前"数据脱敏""精度范围适用"等原则的基础上，充分考量智能网联汽车产业发展对数据个性化的需求，面向 L1~L5 不同级别自动驾驶、车路协同等需求，出台配套的数据采集最高精度和最低脱敏要求，推动汽车由低级别辅助驾驶到高级别自动驾驶的平稳过渡，明确地图的精度、广度指标以及安全防护要求。

五是根据"三法一条例"和汽车行业数据安全法律法规等要求对部分较早发布的标准进行迭代更新。例如，YD/T 3751—2020《车联网信息服务　数据安全技术要求》和 YD/T 3746—2020《车联网信息服务　用户个人信息保护要求》两部标准在 2020 年发布，比《数据安全法》《个人信息保护法》《汽车数据安全管理若干规定（试行）》等法律法规的发布时间早，部分条款可能会存在不适配的情况，需要进行针对性修订完善。

3. 加快推动行业标准、团体标准研制，为国家标准制定提供参考

国家标准出台过程较为漫长，需要反复论证和修订，很难满足处理重点问题的迫切性需求。建议由行业协会牵头，联合汽车企业、平台运营商、安全厂商、行业协会等生态内代表，在《车联网网络安全和数据安全标准体系建设指南》指导下，面向重点领域和企业急切希望解决的问题，共同开展团体标准、行业标准研制工作，尽快形成成果，并在标准试点推广过程中进一步发现问题，提高标准指导性和适配性。

对于尚未纳入《车联网网络安全和数据安全标准体系建设指南》，但属于行业共同关注的标准，要进行重点攻关。发挥行业协会纽带作用，带动上下游企业合力开展相关团体标准、行业标准研制工作，尽快形成成果并在小范围内试行，形成经验后推动国家标准制定。例如，针对强制标准要求车端必须配备的汽车事件数据记录（Event Data Recorder，EDR）系统，应当优先设定通信协议、加密方式、数据存储等统一标准规范，以促进第三方对 EDR 系统数据

的读取、开发和应用。

4. 多措并举推动标准落地，规范产业有序合规发展

标准出台后，更重要的工作是推动标准落地执行。要积极推动领军汽车企业参与标准的制定并贯彻实施，以此带动产业链上下游企业进行标准对接和配套，从而形成辐射覆盖全产业的标准落地传导效应。

此外，也要完善汽车数据安全监督和合规测评体系建设，积极培育测试验证第三方服务机构、建设检验检测公共服务平台，监测结果和产品的市场准入直接挂钩，通过提升行业数据安全监督管理力度，推动标准贯彻落实。

数据安全时代

智能网联汽车数据安全监管与政策体系

03

产业篇

在数据安全保护实践过程中，产业端面临汽车数据分类分级不统一、数据处理主体权责划分不清晰、安全防护技术体系不完备、企业数据安全管理体系建设参差不齐等问题，制约企业更好地进行数据安全保护、数据共享流通。

现阶段，各企业一般根据自身业务形成一套适用于自身的分类分级模式。同时，企业对数据安全合规的理解、数据管理经验各异，导致内部数据安全管理体系建设进展不对等，不利于数据共享与流转，亟待加快制定相关标准文件和指南，为企业提供切实可行的实施路径。

汽车数据在采集、传输、存储、处理等全生命周期过程中涉及产业链多方主体，上下游企业均需获取数据用于自身技术和产品迭代。但汽车数据权责划分存在管理制度不健全、判责等技术缺失的问题，需试行管用分离制度，明确汽车各方主体的数据所有权、使用权及合规义务，完善相关管理规范，以期最大化释放汽车数据要素的价值。

一切安全防护的关键在于安全技术的发展。当前已有部分基础的数据安全防护技术上车应用，但由于汽车多为单点防护，且车端计算资源有限、加密算法不适配等多种原因制约着更多先进的数据安全防护技术上车应用，建议加快研发适用于车端的数据安全防护技术并推动相关技术标准落地。

第七章
数据分类分级

一、智能网联汽车数据分类分级的意义

汽车产业涉及国家经济、装备制造、金融、交通运输、生产生活等诸多领域。随着智能网联汽车渗透率不断提升，保障智能网联汽车数据安全已经成为技术升级和行业发展的必然需求，也是保障智能网联汽车行业健康发展的必要条件。数据分类分级是有序建设信息安全管理体系、有效管控数据安全、合理利用人力资源的基础。

数据分类分级是适应上位法的需要。智能网联汽车每天能产生 TB 级海量数据，数据暴露、隐私数据泄露或滥用将影响行车安全、用户隐私安全，甚至可能危及国家安全。完整、有针对性地细化汽车数据分类分级，是进一步贯彻落实《网络安全法》《个人信息保护法》《数据出境安全评估办法》及《车联网（智能网联汽车）产业发展行动计划》等法规政策要求的必经之路。

数据分类分级为数据安全管理提供关键依据。统一数据分类分级有助于建立健全的汽车数据安全防护体系和管理制度，包括分级保护、数据产权、数据流通交易、收益分配等。统一数据分类分级也能支持政府对不同类型的数据精准施策，提高数据管理政策的执行效率，是政府监管和企业内部合规体系建设的基础。

数据分类分级促进汽车数据开放生态建设。通过明确不同类型数据的范围、内容，实施统一的数据分类分级管理，方便企业有依据地利用数据开展各类研发和交流活动，有助于行业构建统一的数据应用体系，降低行业数据交流和共享的难度及成本，为数据作为资产进行商业流通提供基础保障，推动构建汽车大数据的开放生态，实现产业创新发展。

二、智能网联汽车数据分类分级进展

1. 国内外已有汽车数据分类分级尝试

美国、欧洲等国家和地区在信息、数据等对象的分类分级方面已有所尝试，在标准、法案中提出了方法和参考。用以指示联邦机构根据潜在影响对信息以及信息系统进行分类，确定安全目标并提供了信息安全类别通用格式。欧盟《通用数据保护条例》在相关条文中对一些重要、敏感数据单独做出特别规定。另外，英国《智能网联汽车网络安全关键原则》、澳大利亚《1988年隐私法案》、德国《联网汽车数据保护原则》《联网及非联网汽车使用的数据保护问题》也都包含了数据分类分级的思想，对我国数据分类分级的建设和实施具有指导意义。

我国已着手建立和完善数据分类分级保护制度，为规范数据处理活动和保障数据安全奠定基础。《数据安全法》就如何保障数据安全和促进数据开发利用做出了明确规定。其中第21条明确规定了实行数据分类分级保护，并在重要数据概念的基础上进一步提出国家核心数据的概念，实行更加严格的保护措施。但数据分为几级、如何分级，目前尚无定论。《汽车数据安全管理若干规定（试行）》将"个人信息"和"重要数据"作为并列的两大保护对象，列举了六大类重要数据，并规定了运营者一系列对于重要数据的安全保护义务。《智能汽车创新发展战略》以及《智能网联汽车生产企业及产品准入管理指南（试行）》（征求意见稿）等智能汽车行业相关政策和法规也都明确规定了数据分类分级。

2. 国内汽车数据分类分级实践

(1) 我国不同机构制定了多个汽车数据分类分级相关文件

表7-1所列为现有的汽车数据分类分级相关文件。

表7-1 现有的汽车数据分类分级相关文件

序号	名称	发布时间	发布部门
1	《自动驾驶数据安全白皮书（2020）》	2020年1月	国家工业信息安全发展研究中心
2	YD/T 3751—2020《车联网信息服务 数据安全技术要求》	2020年8月	工业和信息化部
3	YD/T 3746—2020《车联网信息服务 用户个人信息保护要求》	2020年8月	工业和信息化部
4	T/CASE 211—2021《智能网联汽车数据共享安全要求》	2021年7月	中国汽车工程学会
5	《信息安全技术 重要数据识别指南（送审稿）》	2022年6月	全国信息安全标准化技术委员会
6	《智能网联汽车 数据通用要求》（征求意见稿）	2022年10月	全国汽车标准化技术委员会

注：信息来源于中国汽车工程研究院股份有限公司（简称中国汽研），由中国电动汽车百人会车百智库研究院整理。

《自动驾驶数据安全白皮书》（以下简称《白皮书》）聚焦单一技术领域，为自动驾驶数据分类分级提供了很好的借鉴。《白皮书》由国家工业信息安全发展研究中心牵头，联合北京航空航天大学等多家单位发布，首次对自动驾驶数据进行了分类分级。《白皮书》将自动驾驶数据归类为感知数据、决策与控制数据、测试与仿真数据以及用户个人数据四种类型，并按照数据遭到破坏后对国家安全、社会秩序、公共利益以及公民、法人和其他组织合法权益的危害程度，由低到高划分为五级，此标准重点是自动驾驶领域数据安全（表7-2）。

表7-2 自动驾驶数据分级要求

数据被破坏时受侵害的客体	对相应客体的侵害程度		
	一般损害	严重损害	特别严重损害
公民、法人和其他组织的合法权益	第一级	第二级	第三级
社会秩序、公共利益	第二级	第三级	第四级
国家安全	第三级	第四级	第五级

注：信息来源于中国汽研，由中国电动汽车百人会车百智库研究院整理。

YD/T 3751—2020《车联网信息服务 数据安全技术要求》为企业进行车联网数据划分提供指导。按数据属性和特征，该标准将车联网信息服务数据划分为基础属性类数据、车辆工况类数据、车控类数据、环境感知类数据、应用服务类数据、用户个人信息六大类别。依据车联网信息服务数据的安全目标、重要性以及在发生安全事故时可能造成影响范围与严重程度，该标准将数据划分为三个敏感等级：一般数据、重要数据和敏感数据。此标准的重点是将车联网数据安全合规和应用场景分为基本级和增强级，并提供安全保护措施。

YD/T 3751—2020《车联网信息服务 数据安全技术要求》主要侧重于除用户个人信息外的其他车联网数据，与后文中的YD/T 3746—2020《车联网信息服务 用户个人信息保护要求》互相补充，并根据数据生命周期对安全保护要求进行了更细致的规定，具有一定的创新性。但是，此标准的数据分级与安全保护措施等级存在一定的不匹配性，例如对敏感等级为"重要"和"敏感"的数据采取增强级保护措施，无法体现两个不同等级数据的差异性，在对应保护要求上还需要进一步细化完善。

YD/T 3746—2020《车联网信息服务 用户个人信息保护要求》对个人信息的类别和敏感等级进行了明确划分。此标准将车联网数据中的个人信息作为研究重点，并根据个人信息服务类型的不同，将个人信息划分为不同类型，再依据个人信息可能的影响范围定级。该标准将个人信息分为用户身份证明类信息、车联网信息服务内容类用户数据信息、用户服务相关信息三大类。根据用户个人信息的敏感程度和在发生用户个人信息泄露或滥用等事件后对用户人身和财产等方面的危害程度，该标准将数据划分为三个敏感等级：个人敏感信息、个人重要信息、个人一般信息。

YD/T 3746—2020《车联网信息服务　用户个人信息保护要求》在个人信息保护方面，有针对性地对车联网涉及的个人信息进行了分类分级并提出了保护要求，具有比较清晰的分类思路，为《民法典》《个人信息保护法》等法律提供了在车联网方面的具体阐释和扩展，具有一定前瞻性。但 YD/T 3746—2020《车联网信息服务　用户个人信息保护要求》的适用对象及数据分类分级方法局限于个人信息，有待与其他类型汽车数据结合并进行统一规范。同时，此标准对其中所列举的部分个人信息采取了按车辆活动过程分类的方法，缺乏清晰的指向和内涵阐释。

T/CSAE 211—2021《智能网联汽车数据共享安全要求》通过对汽车企业数据共享需求进行综合分析，建立了统一规范的数据格式。根据数据来源，该标准将数据分为汽车企业数据和第三方数据，其中，第三方数据又能划分为交通运输管理局、4S 店、二手车、保险四个类别。根据数据性质该标准将汽车企业数据分为静态数据与动态数据，再细分为汽车、行驶、行为、环境四个类别（表 7-3）。数据分级是根据不同类别数据遭到篡改、破坏、泄露或非法利用后，可能对个人、汽车企业、行业、社会秩序造成的潜在影响对数据进行分级，结合智能网联汽车数据场景，将数据安全等级划分为五级。

T/CASE 211—2021《智能网联汽车数据共享安全要求》提供了比较清晰的分类思路和框架，一定程度上能够适应未来的动态扩展，且对于车辆自身的各数据实体、数据类型有比较明确的列举和说明，总体上比较全面。但文件中涉及的数据类型普遍比较保守，例如，缺少智能座舱服务等类别的数据。这也可能是要避免与 YD/T 3746—2020《车联网信息服务　用户个人信息保护要求》发生重叠。因此，《智能网联汽车数据共享安全要求》有待与其他文件的分类分级方法进行有机结合与统一，以适应整体的汽车数据分类分级需要。

表 7-3 智能网联数据分类标准

数据来源	数据性质	数据类别
汽车企业	静态数据	汽车、行驶、行为、环境
	动态数据	
第三方	—	交通运输管理局、4S 店、二手车、保险

注：信息来源于中国汽研，由中国电动汽车百人会车百智库研究院整理。

《信息安全技术 重要数据识别指南》（送审稿）明确了重要数据特征，从国家角度对重要数据进行了分类。该标准从总体国家安全观的角度描述了重要数据对国家安全的不同影响，从国家角度对重要数据进行了分类。该标准根据重要数据的特征影响范围将数据分为八类：与经济运行相关、与人口和健康相关、与自然资源及环境相关、与科学技术相关、与安全保护相关、与应用服务相关、与政务活动相关以及其他。

《智能网联汽车 数据通用要求》（征求意见稿）明确了个人信息和重要数据的保护要求，提出了详细的汽车数据分类。该标准针对汽车数据安全管理、个人和重要数据保护、审核评估要求等进行了详细规范，细化了上位法中提出的管理要求，可以为企业执行汽车数据处理工作提供更细致指导。《智能网联汽车数据通用要求》（征求意见稿）明确提出了智能网联汽车数据分类分级原则，并根据智能网联汽车数据的类型、特性和业务使用场景等因素，将汽车数据分为车辆基本数据、感知数据、决策数据、运行数据和其他数据五大类。

在国家标准中对汽车数据类型进行细致划分，有助于形成行业统一的汽车数据分类分级标准。但《智能网联汽车 数据通用要求》仍处于征求意见阶段，未正式发布，其应用效果还有待企业进一步实践。

(2) 许多大型跨国企业已经基于 ISO 信息安全体系框架建立了一套汽车数据分类分级制度

基于各大汽车企业对内部汽车数据管理的多年实践，该过程主要分为三个阶段。第一阶段，制定数据分类分级管理制度，其中包括数据分类分级规则与标准，对员工进行数据分类分级的相关培训。基于业务场景与运营管理中的数据处理活动，识别出数据信息存储、传输及使用清单。第二阶段，根据数据属性进行分类，根据数据对业务的重要程度进行分级，按照不同级别将数据打上相应的标签，如公开、内部、机密、绝密等，标签应明确其格式和适用范围。对于不同级别的数据，应制定相应的数据保护要求，例如采取不同级别的数据加密手段，以及制定不同的数据备份策略等。第三阶段，根据数据分类分级制定安全保护策略。对数据分类分级保护进行整体规划设计，建立数据安全防护流程，明确数据安全责任人，落实对不同类型和级别数据的保护措施，并应通过数据保护管控评估矩阵对数据安全保护落实情况进行监控。

3. 小结

我国汽车数据分类分级工作已取得一定进展。各类标准及规范文件对于汽车数据特点、产生流程、分类分级方法、防护手段及对策等方面均有所覆盖，对自动驾驶、车联网等方面的数据各有侧重，对象涵盖了个人信息数据、车辆及联网数据等，并且能够在一定程度上顺应汽车产业未来智能化、网联化的发展趋势。然而，现阶段各类标准规范思路和框架不统一，且普遍存在前瞻性不足、欠缺动态发展空间、对部分数据界定不够清晰具体、安全防护措施和实际监管脱节等问题，在制度层面和技术层面还需进行补充及完善。

在制度层面，汽车数据分类分级需要建立协调一致的标准规范。目前企业在数据分类分级中的角色和作用并不明确，如何落实分类分级制度缺乏指导。

在技术层面，智能网联汽车技术迭代更新快，涉及的汽车数据种类繁多且交叉融合，归类难度大。汽车数据包括与车、路、网、人等相关的众多数据，且很多数据横跨很多领域，这给汽车数据分类分级整理和归纳工作带来巨大挑战。

三、智能网联汽车数据分类分级指南

1. 汽车数据分类分级思路及原则

汽车数据分类分级应以上位法为依据，对现有汽车数据相关法规政策文件进行吸收、归纳及融合，借鉴现有实践及标准，并针对不完善、不清晰、不够前瞻的部分进行调整，系统性提出汽车数据分类分级规范标准。其所遵循的原则如下。

1）全面性原则：分类时注重从汽车数据全生命周期的角度出发，以保障全面涵盖各环节、各类型、不同对象、不同敏感性和重要性的汽车数据。

2）兼容性原则：分级时注重从个人、集团或国家等不同立场上进行综合考虑，根据数据实体对不同主体的影响和价值，提出基本分级思路及框架，并为在该基础上进行差异化延伸和补充提供足够空间。

3）可扩展性原则（动态发展原则）：分类分级框架及标准应适应未来不断发展的产业需要，便于进行数据类型增加或删减、升级或降级等调整，能够持续动态更新并保持灵活性。

4）实用性原则：分类分级应适应具体监管和流通需要，便于落地与具体实施。

标准制定应基于以上原则，针对全周期、全类别汽车数据建立统一的分类分级标准规范，力求以清晰的思路和框架服务于未来不断增长的汽车数据分类分级需要和更新需求。

对于个人，依据对汽车数据分类分级标准，可以明确相对应的保护方法，从而在《个人信息保护法》的基础上，具体有效地保障车辆涉及的个人数据安全；对于企业，可以在汽车数据分类分级标准的基础上，建立企业内部和企业之间数据流通及共享体系；对于汽车产业，以规范先行，保障产业健康发展、促进自动驾驶及车联网发展和汽车大数据开放生态的建立；对于国家，可以在分类分级的基础上完善相关管理措施办法，为数据有序流通和价值实现奠定基础，助力数据经济发展。

2. 汽车数据分类分级方法及示例

以智能网联汽车为研究对象，将数据在智能网联汽车全生命周期内的活动作为主线，充分考虑人、车、环境等要素，建立智能网联汽车数据分类方法及汽车数据分类分级全景视图（详细图表见附录 A）。

以上位法为依据，根据数据信息对个人、企业、社会秩序、公共利益、国家安全的重要程度从宏观角度上将汽车数据分为 4 级（表 7-4）。

表 7-4 智能网联汽车数据分类标准

数据级别		数据内容	数据定义
S1	一般数据	能公开或在一定范围内公开的数据	一旦丢失、泄露、被篡改、被损毁会对企业利益或用户利益造成轻微程度影响或存在潜在影响的数据 特点： 1) 不会对用户的人身安全及财产构成危害 2) 不会对企业造成经济损失
S2	敏感数据	一定程度上标识或识别主体、对象或其重要特征	一旦丢失、泄露、被篡改、被损毁会对企业利益或用户利益造成一定程度影响的数据 特点： 1) 会对用户人身安全或财产造成一定损失 2) 会对企业造成一定规模的经济或声誉损失 3) 会导致车辆部分功能异常
S3	重要数据	1) 与企业利益密切相关、直接关系到用户的个人隐私 2) 泄露超过一定数量的用户个人信息 3) 影响国家安全及公共安全的数据	一旦丢失、泄露、被篡改、被损毁会对企业利益或用户利益造成严重影响或危害社会秩序、对公共利益造成损害的数据 特点： 1) 会对用户的人身安全或财产造成一定的损失 2) 会对企业造成较大规模的经济损失，影响企业正常生产运营、声誉及其他合法权益 3) 会对社会公共利益造成损失
S4	核心数据	涉及国家安全的数据	一旦丢失、泄露、被篡改、被损毁会对国家安全造成损害的数据 特点： 1) 泄露国家相关地理信息 2) 会对国家安全造成损失

注：信息来源于中国汽研，由中国电动汽车百人会车百智库研究院整理。

3. 智能网联汽车数据分类分级管理思路

一是制定协调一致的汽车数据分类分级规范指南，推动国家标准建立。相关部门应积极主导或参与智能网联汽车数据分类分级标准制定，充分参考《自动驾驶数据安全白皮书》对智能网联汽车数据特点及国际上相关政策的梳理，吸收其分类原则。

一方面，在数据分类上，充分借鉴两个车联网信息服务行业标准的分类思路和方法，征集企业实践反馈，通过《智能网联汽车　数据通用要求》国家标准推出统一的汽车数据分类分级方法，并以《智能网联汽车数据共享安全要求》涉及的数据作为补充。另一方面，在分级上特别参考《数据安全法》《地图管理条例》《信息安全技术　重要数据识别指南》等对核心数据（S4 级）进行识别，并对上述所有规范标准中级别较高的数据在分级上都进行体现。基于以上有机结合的方法可有效协调现有各汽车数据分类分级规范指南，有助于促进国家标准建立。

二是依据数据分类分级规范指南，明确政府各级部门在汽车数据安全领域的职责划分，落实汽车数据安全保护责任。汽车数据安全问题涉及政府监管主体众多，应加强汽车数据安全行业主管部门之间的协同联动。建议汽车数据安全部门间建立常规交流机制，促进数据安全行业监管实践和相关技术成果分享；建立事前风险评估和事后应急管理机制，针对核心数据、重要数据、敏感数据的安全保护，由国家级的评估和测试机构提供技术服务。

三是加大对涉及商业秘密、个人隐私等敏感数据的保护力度。核心数据及重要数据关乎国家及社会稳定，需要进行严格保护，敏感数据丢失、泄露等虽然仅对企业、个人等微观层面局部利益产生不利影响，但一定规模的敏感数据即成为重要数据，也会间接影响国家安全、经济安全、社会稳定、公共健康和安全，需提高对敏感数据的风险预防及管控的重视程度。

四是加快推进高新技术在数据分类分级领域的应用。大力推动以人工智能和机器学习为代表的高新技术在汽车数据分类分级领域的应用，通过更先进的技术提高数据分类分级的智能化和自动化水平，实现数据自动分类，并自动标记一般数据、重要数据、敏感数据及核心数据，对数据进行智能化安全处理（数据脱敏、加解密、完整性保护等），提升数据分类分级效率，降低误识别率。

第八章
数据确权

目前汽车数据相关权责界定尚不清晰，给数据合规保护与利用、数据相关方之间纠纷埋下隐患，需要加快完善相关规章制度，明确汽车企业、零部件供应商、软件服务商等产业链上下游企业数据处理的权力和责任，使汽车数据能更合理、有效地开发与传输。

一、汽车数据安全权责划分现状

汽车数据在产生、采集、传输、存储过程中涉及多个主体，产业链企业均需获取汽车数据迭代自身技术、优化产品性能（图8-1）。但现阶段法律法规并未明确汽车数据权责，仅在国家标准 GB/T 41871—2022《信息安全技术 汽车数据处理安全要求》中提及汽车制造商应对整车的数据安全负责（表8-1），相关权责规定较为宽泛，未能清晰界定各数据处理主体权责边界。

此外，对于将一次数据加工处理后形成的二次数据的权责界定也没有涉及。例如，二次数据处理是否需要驾驶人确认；整车企业或者其他主体能否将二次数据用于交易等商业用途等，这些关键问题有待进一步明确。

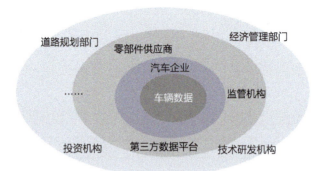

图 8-1 车辆数据流转与价值释放

注：信息来源于北京信百会信息经济研究院，由中国电动汽车百人会车百智库研究院整理。

表 8-1 数据权责相关法律法规及标准

法律法规	规定内容	法规/标准要求
《汽车数据安全管理若干规定（试行）》	数据收集需驾驶人授权	"默认不收集原则，除非驾驶人自主设定，每次驾驶时默认设定为不收集状态"
	汽车数据处理者告知数据处理事项	"汽车数据处理者处理个人信息应当通过用户手册、车载显示面板、语音、汽车使用相关应用程序等显著方式，告知个人以下事项：（略）"
	处理信息应取得同意	"汽车数据处理者处理个人信息应当取得个人同意或者符合法律、行政法规规定的其他情形"
《关于加强车联网网络安全和数据安全工作的通知》	加强数据保护	"按照'谁主管、谁负责，谁运营、谁负责'的原则，智能网联汽车生产企业、车联网服务平台运营企业要建立数据管理台账，实施数据分类分级管理，加强个人信息与重要数据保护"
	提升技术防护能力	"智能网联汽车生产企业、车联网服务平台运营企业要采取合法、正当方式收集数据，针对数据全生命周期采取有效技术保护措施"
	对数据使用情况进行监督管理	"明确数据共享和开发利用的安全管理和责任要求，对数据合作方数据安全保护能力进行审核评估，对数据共享使用情况进行监督管理"

(续)

法律法规	规定内容	法规/标准要求
《信息安全技术 汽车数据处理安全要求》	传输数据需个人信息主体同意	未经个人信息主体单独同意,汽车不应通过网络向外传输包含个人信息的车外数据,已进行匿名化处理的视频、图像数据除外
	不能向外传输座舱数据	汽车不应通过网络向外传输座舱数据
	汽车企业对车辆数据安全负责	汽车制造商应对整车的数据安全负责,全面掌握其生产的整车所含各零部件采集、传输数据情况,对零部件供应商处理汽车采集数据的行为进行约束和监督

注:信息来源于北京信百会信息经济研究院,由中国电动汽车百人会车百智库研究院整理。

1. 汽车企业作为整车数据安全责任主体,面临极大合规压力

汽车企业担负整车数据安全责任。目前已出台及拟出台的国家标准和相关规定将车辆数据安全责任整体交由汽车企业承担,要求汽车企业对零部件和软件等产业链上下游企业的数据安全负责。GB/T 41871—2022《信息安全技术 汽车数据处理安全要求》规定了汽车企业在车辆数据安全中承担三方面责任:一是负责整车数据安全;二是掌握整车零部件采集、传输数据情况并约束和监督零部件供应商的数据处理行为;三是对用户披露数据采集和传输情况。《关于加强车联网网络安全和数据安全工作的通知》中也要求汽车企业按照《网络产品安全漏洞管理规定》发现、验证、分析、修补、报告漏洞,建立在线升级服务软件包安全验证机制,采用安全可信软件等。

以上要求将汽车企业对汽车数据安全的责任扩展到对软硬零部件供应商的约束和监督,需要汽车企业不断完善和提升数据安全技术能力和管理措施,使汽车企业成为车辆数据安全监管的主体。这对处于转型发展期、面临激烈市场竞争的汽车企业是不小的挑战。

汽车供应商数量众多,汽车企业负责把握所有供应商的数据安全管理情况存

在一定难度。相比燃油汽车，新能源汽车的零部件数量虽已大幅减少，但每辆车仍有 1.5 万个左右，由分布于全球各地的上百个一级供应商提供，二级供应商和三级供应商（Tier3）的数量则更为庞大（图 8-2）。汽车企业若要管控好如此多供应商数据的安全合规情况，需要构建一套复杂的机制，投入的人力、物力巨大。而汽车企业并不常与二级供应商、三级供应商及很多车机应用供应商直接接触，很难有效把控好这些供应商的数据处理情况。

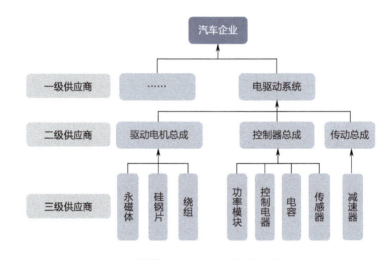

图 8-2 汽车电驱动系统供应链

注：信息来源于北京信百会信息经济研究院，由中国电动汽车百人会车百智库研究院整理。

同时，由于存在专业知识壁垒，汽车企业无法掌握全部上游零部件和汽车软件的设计和生产情况，导致其对零部件数据安全防护情况难以完全掌握。

尚未细化汽车企业约束和监督零部件供应商的具体权力，不利于汽车企业更好地管控零部件供应商的数据处理行为。GB/T 41871—2022《信息安全技术 汽车数据处理安全要求》中仅明确了汽车企业有权对零部件供应商处理汽车数据的行为进行约束和监督，但并未对其权力和管理范围等进行具体规范，汽车企业在实际执行管理的过程中可能会受阻。

例如，目前相关规定并未明确汽车企业管控车载应用程序数据安全的具体权力。据调研，绝大多数车载应用程序都是跳过汽车企业获取和存储数据的。《关于加强车联网网络安全和数据安全工作的通知》中虽要求汽车企业和车联网平台共同建立应用程序开发、上线、使用等安全管理制度,但是汽车企业是否需要对数据采集后的行为进行约束和监督、应用程序数据采集是否需要经过汽车企业同意、汽车企业和平台如何分工、汽车企业可以采取何种措施等具体问题尚未明确和规范,将影响汽车企业把控供应商数据合规工作开展。

2. 缺少对汽车零部件供应商数据管理权责的界定

零部件供应商获取所需数据的路径尚未明确。零部件供应商、自动驾驶方案商、车联网平台、出行服务企业、应用软件商、经销商、维修机构等都能接触到车辆数据,且需要利用部分数据实现产品改进、技术迭代、服务优化等。但当前并未明确规定汽车企业有权力或义务向其他产业链主体提供数据,也缺少数据的可流动范围、类型、精细度等细化要求。

一方面,汽车企业为了保障汽车数据的安全,或担心数据在流动过程中违反规定,可能采取非常谨慎的措施,尽可能减少汽车数据流动,零部件供应商获取数据较难。另一方面,很多零部件供应商在获取数据时话语权较弱。为了获取更多数据,可能会产生绕过汽车企业直接获取数据的不合规行为,在调研中也有部分企业反馈这一问题。只有当汽车产业链各方主体获取、处理数据权责分配进一步明确后,才有可能推动数据更好地流转,并发挥其价值。

缺少对汽车零部件供应商的数据处理责任界定,不利于从零部件源头引入数据安全防护措施。通常只有明确责任和义务后,企业才会更重视数据安全合规工作。若将合规责任与风险全部归于汽车企业,会降低零部件供应商对数据安全的重视。而汽车数据安全强调"安全左移"防护理念,要在车辆硬件设计和制造阶段就将数据安全防护技术预埋进去,以达到事半功倍的防护效果。但对于零部件供应商等参与主体在车辆数据安全保护中应该承担什么角色、如何配合汽车企业、如果数据出现安全问题应该承担多大的责任等具体问题尚未有明确答案。因此,很难引起零部件供应商对数据安全的重视,不利于构建以零部件安全为基础的整车安全防护。

二、尚未规范各方汽车数据处理主体权责的原因

1. 汽车数据权责划分和追踪难度较大

汽车数据是一个庞大、复杂、动态的体系,数据能细分出上百近千种类型,且涉及制造、销售、运行等多个环节与多种场景,汽车数据分类分级尚在讨论之中,进一步区分权责难度更大。同时,汽车产业链各主体之间供应关系复杂,且智能网联汽车供应链正在从垂直供应向交叉网状供应转变,发生汽车数据安全事件后的权责判定难度将更大(图8-3)。

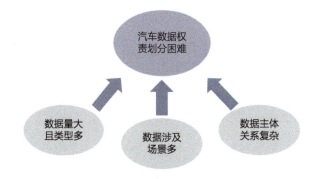

图 8-3 汽车数据权责划分难题

注:信息来源于北京信百会信息经济研究院,由中国电动汽车百人会车百智库研究院整理。

2. 传统法律框架无法支撑汽车权责认定

传统法律框架对于资源要素保护和利用往往以清晰的所有权认定为基础,而汽车数据不具备土地等传统生产要素的唯一性、标的物明确等特征。汽车数据可以进行规模化复制、处于实时动态流转状态,且涉及多个数据处理主体参与,主体间相互交叉,使得主体之间的贡献难以量化,数据归属一直存在争议(表8-2)。例如,由激光雷达、摄像头采集的数据,是归零部件供应商、自动驾驶解决方案商还是归汽车企业,很难清晰界定。目前,数据所有权没有明确,导致在处理数据流通和使用带来的法律纠纷时,只能采用个案救济,给数据安全保护和

数据利用带来诸多不便。

表8-2 土地与汽车数据性质的比较

比较项	土地等传统生产要素	汽车数据新型生产要素
移动性	难以移动	可流动
复制性	难以复制	可复制性强,复制成本低
主体贡献度区分	容易区分	不容易区分
变化性	不易变化	易变化

注:信息来源于北京信百会信息经济研究院,由中国电动汽车百人会车百智库研究院整理。

3. 汽车数据相关应用和管理实践尚处早期,很难就根本性问题给出答案

目前我国《民法典》对于数据的相关规定,仅限于第一百二十七条"法律对数据、网络虚拟财产的保护有规定的,依照其规定"。欧盟在数据管理方面走在前列,也只是界定了数据控制者和处理者,并未涉及数据所有权。现阶段我国对于汽车数据的相关管理实践重点关注数据安全、个人隐私保护和数据要素价值利用,数据管理实践经验比较缺乏,统筹权益和使用效率的能力仍有待进一步加强。只有汽车数据管理实践发展到一定阶段,对汽车数据权属的清晰界定才会水到渠成。

4. 落实和追踪汽车数据权责配套的技术、机制不健全

目前,汽车数据安全监测、事后应急响应机制正在建立中,区块链、数据泄露防护(Data Loss Prevention,DLP)等可追踪数据源头和处理行为的技术处于发展中。当遇到汽车数据安全事故时,缺乏成熟技术支撑各汽车数据处理主体责任的清晰划分。只有当技术能够清晰界定汽车数据安全事故后的责任时,才有望推进汽车数据权责划分细化。

三、明确汽车数据权责的策略

1. 从法律层面明确汽车数据的所有权,为规范数据的使用权和收益权奠定基础

涉及国家政治、经济、社会活动的车辆数据归国家所有,属于公共数据,由

行业管理部门成立或者委托专门机构管理。建议将车辆公共数据划定为，车辆在行驶和停放过程中通过摄像头、雷达、全球定位系统（GPS）等设备采集且累积后能识别和判断经济社会发展运行情况和关键设施信息的数据，具体包括车辆感知的地理信息、基础设施、人员流量、车辆流量、充电网、气体排放等重要数据。

公共数据涉及国家和公众利益，所有权归国家，具体由各级行业管理部门行使管理权，对数据进行分类分级。应重点保护核心数据和重要数据，交通运行类数据可以采用隐私计算方式向汽车企业开放共享，释放数据价值。

涉及个人信息的车辆数据归个人所有，个人拥有隐私保护和数据收益双重权利。个人数据定义为车辆在使用过程中，由传感设备采集的个人信息或个人输入的信息，包括身份信息、图像信息、联系方式等可以直接识别个人信息的数据，以及驾驶习惯、车辆使用行为等可以与车牌相关联而间接识别个人身份信息的数据。

这部分数据与自然人有强烈关联和依附性，涉及个人隐私和利益，所有权应归个人所有（脱敏、匿名化处理后的信息除外）。在合法合规的前提下，个人可以从数据开发利用中获得收益和回馈。例如，智己汽车推出的"原石谷"计划，对贡献数据的用户给予相应的汽车智能化功能、内饰升级等权益回馈。

由企业自身产生的数据归企业所有，应受法律保护。企业在汽车研发、测试、生产、销售和运营维护过程中，积累了一些能反映企业技术、业务等状况的数据，涉及企业知识产权和商业秘密，与企业发展和利益紧密相关。这部分数据在脱敏后归企业所有，包括脱敏后的研发设计类、市场销售类、车辆工况类、车控类、应用服务类数据等。汽车企业可以在安全合规的前提下利用这部分数据进行产品性能升级、新产品开发、运营维护及售后升级等（图 8-4）。

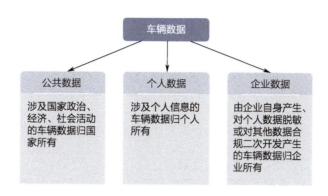

图 8-4 汽车数据所有权的划分

注：信息来源于北京信百会信息经济研究院，由中国电动汽车百人会车百智库研究院整理。

2. 围绕不同数据处理场景和环节，细化汽车数据管理各方主体责任

（1）根据不同汽车数据处理场景将数据使用和处理权赋予相关主体

数据处理场景具体包括驾驶、补能、运营维护等一级场景和自动驾驶、充电、维修等二级细分场景（图 8-5），基于企业涉猎的场景不同，赋予其在该场景内的数据使用和处理权。但采集和存储仍由汽车企业负责。用户既能清晰地了解授权采集的信息被哪些主体使用、被用于何种目的，也便于零部件供应商通过合法途径获取数据进行技术研发和产品迭代等。

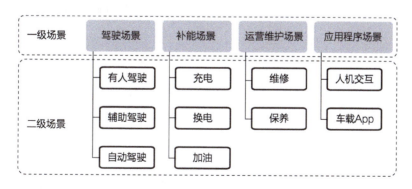

图 8-5 汽车数据处理场景

注：信息来源于北京信百会信息经济研究院，由中国电动汽车百人会车百智库研究院整理。

例如，在驾驶场景下的自动驾驶细分场景中，允许汽车企业采集技术迭代所需的核心数据，并按规定进行脱敏，包括车外道路数据、驾驶行为数据、空间位置信息等。允许自动驾驶解决方案商通过合理路径获取这部分数据并进行处理，并承担数据保护的责任。

(2) 基于数据采集、传输、处理等不同生命周期，界定汽车企业及零部件供应商各方主体权责

通过绘制汽车数据处理全流程图，标定不同环节参与者和利益相关方（图8-6），以便根据数据安全事件发生的阶段对各方主体责任进行清晰划分，明确主体责任和连带责任。

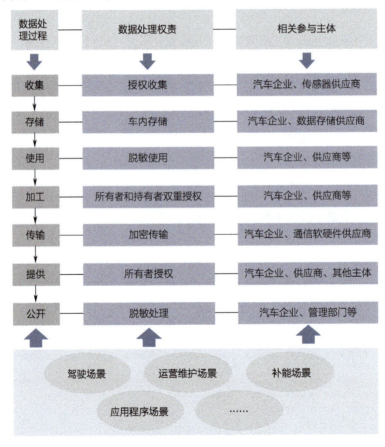

图8-6 汽车数据处理相关权责

注：信息来源于北京信百会信息经济研究院，由中国电动汽车百人会车百智库研究院整理。

例如，在数据采集阶段，汽车企业通过车端传感器采集道路数据的过程中，由于系统漏洞发生的数据泄露事件，将由汽车企业承担全部责任。该阶段，汽车企业有权要求供应商提供包含数据防护的全面质检报告，也有义务对车辆搭载的产品进行全面检测。在数据传输阶段发生的数据泄露事件，将由安全防护措施不健全的一方承担主要责任，另一方承担连带责任。在数据使用阶段，自动驾驶解决方案商使用道路数据进行算法迭代过程中发生的数据泄露事件，将由解决方案商承担全部责任。

3. 形成汽车企业和各类供应商的联动权责关系，共同承担汽车数据安全保护义务

通过制定实施细则和标准，进而明确可流动数据的范围，规范汽车企业、零部件供应商、应用程序商保护汽车数据安全的权利、义务与责任。

一是强化汽车企业在汽车数据管理中的中枢位置，由汽车企业承担整车数据安全防护的主要责任，并赋予其充分约束和监督供应商的权力。

二是零部件供应商获取所需数据的权利应明确并得到保护，在获得用户授权并且汽车企业知情并监督的前提下，允许零部件获取数据用于改进技术、产品和服务等。零部件供应商也要自觉加强零部件产品的数据安全防护能力，配合汽车企业强化整车数据安全防护。

三是前瞻性地规范应用程序商权责。越来越多手机应用程序将移至车机使用，应用程序漏洞将会给汽车安全带来巨大隐患，建议加快规范应用程序商权责。可以参照手机《常见类型移动互联网应用程序必要个人信息范围规定》并进行相应调整，规范应用程序个人信息收集行为（图8-7）。

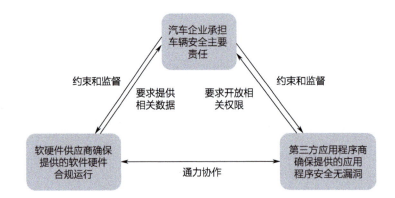

图 8-7 汽车企业、供应商等的权责关系

注:信息来源于北京信百会信息经济研究院,由中国电动汽车百人会车百智库研究院整理。

第九章
安全技术

如今,数据在汽车智能化发展中的作用加大、风险增多,汽车数据安全防护至关重要(图9-1)。我国互联网产业安全防护技术发展和应用已有多年积累。将先进的互联网数据安全防护技术、经验更好地引入车端,成为缓解当前汽车数据安全防护难题的有效途径之一。

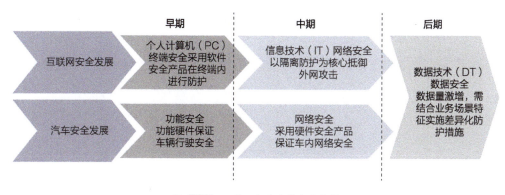

图 9-1 互联网安全防护变化趋势

注:信息由中国电动汽车百人会车百智库研究院整理。

一、互联网时代已积累丰富的数据安全防护经验

1. 个人计算机(PC)时代-端上安全-终端杀毒(1992—1996年)

PC时代终端设备联网程度不高,主要采用终端内的安全软件进行防护。个

人计算机普及初期多处于单机状态，终端间仅能通过局域网完成小范围信息共享。此阶段网络环境相对封闭且共享开放程度不高，终端之间未广泛联网互通，计算机病毒主要附着于文件、视频等载体，通过软盘、光盘等移动外接设备侵入终端。彼时防护策略主要通过"端上安全"的方式，依赖以杀毒软件为主的安全产品在终端进行病毒防范和查杀，这一时期诞生的主要安全产品为传统防火墙（FW）、入侵检测/防御系统（IDS/IPS）等㊀。

2. 信息技术（IT）时代－网络安全－边界防护（1996—2014年）

IT时代终端设备开始广泛联网。TCP/IP、HTTP等通信协议与网页浏览器的发明使信息在互联网中快速传播，更多企业与个人开始接入互联网，各终端设备从离散的单点连成一张覆盖各地区的广域网络。据统计，我国联网计算机数量从1997年的29.9万台发展到2004年的3630万台，增长超过120倍（图9-2）。

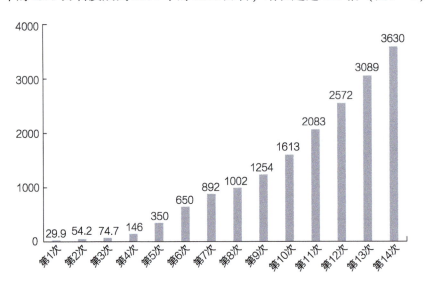

图9-2 1997—2004年中国联网计算机数量变化趋势（单位：万台）

注：1. 数据来源于中国互联网络信息中心，由中国电动汽车百人会车百智库研究院整理。
2. 1997—2004年，每年会进行两次中国计算机数量的统计，共进行了14次。

㊀ 来源于胡晓杰《从网络安全到数据安全，DT时代信息安全行业将迎来变革》。

IT时代安全攻击主要通过网络进行远程传播，安全防护以采用多重隔离防护抵御外网攻击为核心。病毒传播开始通过即时通信软件、网页等网络远程连接而非外接设备实现，比如网页病毒主要是利用软件或系统的安全漏洞，通过执行嵌入在网页中的可自动运行程序来强行修改用户操作系统的注册表或配置程序，完成对用户系统的破坏。为应对网络病毒攻击，终端设备的防护不仅依靠安装在主机上的杀毒软件，也开始注重以隔离外网攻击为核心的防护技术的部署。例如，1993年引入国际互联网防火墙技术，通过控制进出网络的访问行为，实现外网与内网隔离，将攻击隔离在内网之外。

3. 数据技术（DT）时代 – 数据安全 – 数据防护（2014年至今）

DT时代终端设备数量和种类急剧扩展，网络边界逐渐模糊。手机、家电、汽车等终端设备开始入网，丰富了移动互联网设备的种类和接入数量，网络边界得到极大扩展，模糊了数据安全防护边界。一方面，数据量爆发式增长导致数据存储方式更加多样化，包括本地、公有云、私有云和混合云等多种存储形态，拉长了数据防护链。另一方面，DT时代数据呈现动态流通特征，数据流转不仅在终端设备内部，也不断发生在终端与终端、终端与云端之间。

DT时代数据安全威胁更为多样，需要结合不同业务场景的特征实施差异化安全防护。一是更为多样的攻击手段导致数据安全防护难度增大，如分布式拒绝服务（DDoS）攻击、网络诈骗中存在恶意附件、黑客攻击以及流量劫持等。二是如果合作伙伴、承包商缺乏足够的安全防护手段和机制，可能会通过互联系统危及汽车企业，导致IT授权权限被滥用，继而发生数据泄露。三是企业内部数据访问权限管理不善，被内部人员非法访问甚至复制，从而造成数据被滥用、泄露。

DT时代，安全体系架构规划的重心是以数据为中心的，数据安全防护的开展需结合具体业务场景特征，并采用差异化的技术组合实施针对性的防护策略（表9–1）。例如，利用身份认证、访问控制、数字签名等技术组合验证，对企业内部人员的访问权限进行管理，通过最小化数据访问权限提升安全可靠性。

表 9-1 数据安全防护技术汇总

序号	防护技术	应用实现	具体防护技术
1	数据识别	结构化数据识别、非结构化数据识别	数字资产发现、识别、处理与分析、分类分级等
2	数据标记	分离式标记、嵌入式标记	标记字段法、数据映射表法、数字水印法等技术
3	数据加密	以密码技术为基础对数据进行编码转化	传输加密、存储加密、使用加密等
4	数据脱敏	在不泄露敏感信息的前提下保留数据源的可用性	动态脱敏、静态脱敏、隐私保护技术等
5	隐私计算	可保证多方数据所有权、管理权、使用权分离时的数据"可用而不可见"	密码学应用、可信计算、区块链、差分隐私计算技术等
6	数字水印	永久镶嵌在其他数据中,具有可鉴别性,且不影响宿主数据的可用性	图像水印、多媒体水印、数据库水印、屏幕水印等
7	身份认证	解决双方身份信息真实性问题	口令认证技术、无口令认证、生物特征认证、令牌、机器 ID 管理、去中心化身份(DID)等
8	访问控制	利用技术手段控制用户对系统资源的访问权限	网络访问控制、权限管理控制、数据访问控制、风险操作控制等
9	数字签名	代表性的有 RSA 签名和 DSA 签名	数字证书、签名验签、电子签章
10	DLP 技术	根据数据资产识别结果进行防护策略选择	终端 DLP、网络 DLP、数据交换 DLP、云访问安全代理(CASB)DLP、云原生 DLP 等
11	数据销毁	将数据不可逆地删除或将介质永久销毁	硬销毁、软销毁、销毁审计
12	恢复技术	评估、防范企业或机构的灾难性风险对关键性业务数据、流程给予记录、备份及保护	灾难恢复、数据迁移技术(分层存储管理)、本地双机热备、远程异地容灾

注:信息由中国电动汽车百人会车百智库研究院整理。

二、成熟的数据安全技术正逐步上车

在中国互联网产业的发展历程中,积累了丰富的网络/数据安全防护经验和技术,引入这部分技术上车,是提高智能网联汽车数据安全防护能力的捷径。目前,基础防护技术已在车端规模化应用,能够解决部分实时性要求较低场景的安全问题。智能网联汽车数据安全防护涉及云平台、通信、车辆本身等全面防护(图9-3)。云端信息安全架构包括服务平台安全和数据存储安全,管端(通信)包括访问控制、监测预警等,而本节主要讨论车端的信息安全架构,包括车载层、应用层和通信层三个层面的安全。

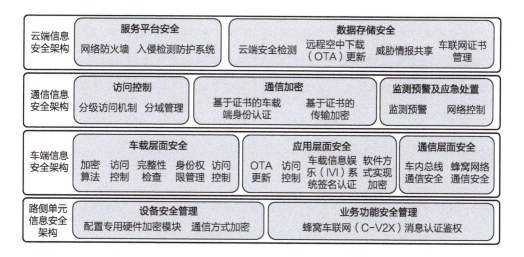

图 9-3 汽车信息安全架构

注:信息来源于中国互联网络信息中心,由中国电动汽车百人会车百智库研究院整理。

1. 车载层

部分车型的车载硬件已开始嵌入加密算法、访问控制等数据安全防护技术。车载硬件包括激光雷达、毫米波雷达、摄像头、芯片等多类型硬件设备,要实时感知车辆内外的各类信息,并通过无线传输方式进行交互,极易被拦截或篡改、产生数据缺失或错误，对车辆安全造成极大威胁。由于硬件安全部署成本较高，仅有少部分车型的车载硬件中嵌入了加密算法、访问控制等防护技术。

以芯片为例，传统电子控制单元（Electronic Control Unit，ECU）受限于计算资源，很少考虑汽车芯片信息安全，导致自身抵抗物理侵入式/半侵入式攻击、故障注入攻击、侧信道攻击等威胁的防护能力很弱。当前汽车半导体供应商正在其 ECU/微控制单元（Micro Controller Unit，MCU）设置"安全区域"（又称为信任锚）进行芯片安全防护。通过应用加固、混淆和权限控制体系保证系统做到车载信息系统防重放、防篡改、防调试。例如，意法半导体已将硬件安全模块（Hardware Security Module，HSM）同时集成到其基于电源架构的 SPC5 微控制器系列和 ARM 核心处理器中，例如用于远程信息处理控制单元的 STA1385 TCU 芯片。2021 年，英飞凌也销售了近 5 亿块带有 HSM 的汽车芯片。

国密算法正逐步应用于国内部分汽车企业和零部件供应商。为保障我国商用密码安全，国家密码管理局制定了一系列国产密码标准，包括 SF3、SM 系列密码算法［包括 SM1（SCB2）、SM2、SM3、SM4、SM7、SM9 等］、祖冲之序列密码算法等（表 9-2）。其中，祖冲之序列密码算法、SM2 椭圆曲线公钥密码算法、SM3 密码杂凑算法、SM4 分组密码算法等已经公布算法文本。

表 9-2　国密算法汇总

序号	算法类型	国密算法	应用范围及描述	对应的国际算法
1	非对称加密	SM2	主要用于身份认证、数据签名、密钥交换，256 位椭圆曲线	RSA、RSA4096
2	对称加密	SM1	128 位数据加密，算法不公开，仅以 IP 核的形式存在于芯片中。主要用于智能 IC 卡、智能密码钥匙、加密卡、加密机	DES、3DES、AES（128）、AES192、AES256，AES 是取代 DES 的算法
		SM4	128 位数据加密，相当于 AES（128）	—
3	完整性运算	SM3	256 位数据摘要计算，相当于 SHA-256	SHA1、SHA-256、SHA-384、SHA-512

注：信息由中国电动汽车百人会车百智库研究院整理。

目前，国内汽车企业正逐步推广自主可控密码算法。例如，国内某知名商用车企业已在车联网产品中导入标准证书管理系统（CA）来解决信息安全问题，并明确了由国际标准算法逐步过渡到国产商用密码公钥基础设施（PKI）的体系路线图。部分供应商在车联网产品体系中逐步引入自主可控加密协议，如厦门某一车载终端制造商将按照国标 GB/T 30290.3—2013《卫星定位车辆信息服务系统 第3部分：信息安全规范》设计车联网与汽车远程服务提供商（Telematics Service Provider，TSP）中心安全加密协议，且已获得国家商密产品型号认证。

此外，国密算法也适用于当前主流汽车 MCU 芯片的签名验签，地平线等国内芯片企业已经将国密算法嵌入芯片内，地平线征程5芯片支持包括国密算法在内的多种加密算法。同时，国密算法也通过了国外芯片的技术验证，并展现出良好的适配性。例如，国密算法 SM2 应用于英飞凌的 TC397，单核的签名验签速度达到 300Mbit/s，国密 SM3 和 SM4 的单核速度也能超过 200Mbit/s。

2. 应用层

车载安全防护技术开始上车以维护车用操作系统及应用安全。汽车智能化和网联化发展催生隐私保护需求，随着车载操作系统应用软件逐渐丰富，系统遭受攻击的可能性和面临的风险点也随之增多（图9-4）。一是现有车载操作系统升

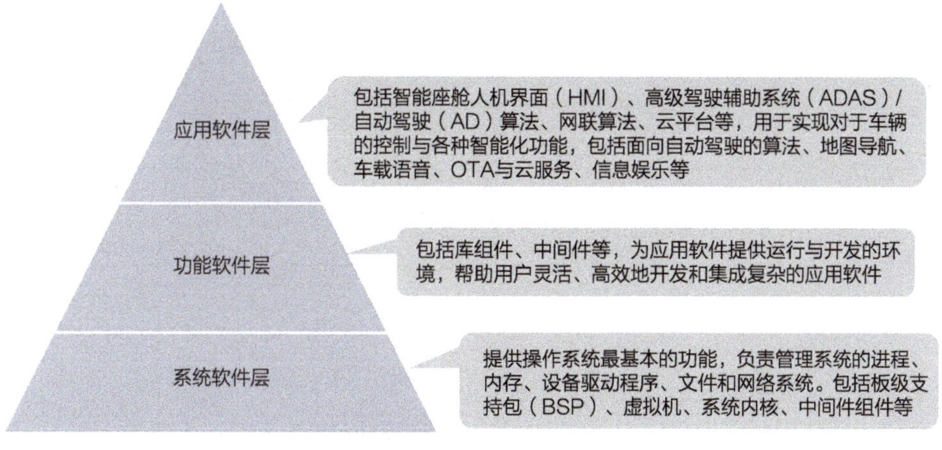

应用软件层：包括智能座舱人机界面（HMI）、高级驾驶辅助系统（ADAS）/自动驾驶（AD）算法、网联算法、云平台等，用于实现对于车辆的控制与各种智能化功能，包括面向自动驾驶的算法、地图导航、车载语音、OTA与云服务、信息娱乐等

功能软件层：包括库组件、中间件等，为应用软件提供运行与开发的环境，帮助用户灵活、高效地开发和集成复杂的应用软件

系统软件层：提供操作系统最基本的功能，负责管理系统的进程、内存、设备驱动程序、文件和网络系统。包括板级支持包（BSP）、虚拟机、系统内核、中间件组件等

图 9-4 智能汽车软件架构

注：信息来源于北京信百会信息经济研究院，由中国电动汽车百人会车百智库研究院整理。

级较少，可能存在内核提取、缓冲区溢出等漏洞。二是系统存在被攻击者安装恶意应用的风险，从而影响系统功能，甚至被窃取用户数据。三是会面临逆向分析、反编译、篡改、非授权访问等各种针对应用的安全威胁。

为保障车载应用在启动、升级、登录、退出、运行等各状态下的安全性，以及操作系统数据的可用性、保密性和完整性，企业目前主要采用防火墙、访问控制、身份权限管理、签名认证服务等安全防护技术，部分安全厂商也基于自身业务研发了车载卫士类应用。例如，360已推出针对智能网联汽车的汽车安全卫士，维护车机系统安全性及流畅性，保障车主的车机及隐私安全，目前已部署于哪吒新款汽车U车型。

3. 通信层

通过远程信息处理终端（Telematics BOX，T-BOX）防护实现汽车内外通信隔离。T-BOX是实现车载网络与车外网络交互的主要节点，向内可以与CAN总线进行通信，向外可以通过调制解调器与车联网云平台通信（图9-5）。T-BOX

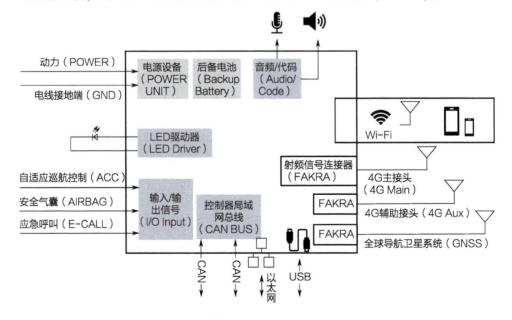

图 9-5 T-BOX通信架构

注：信息来源于中国互联网络信息中心，由中国电动汽车百人会车百智库研究院整理。

面临的安全问题主要有两种：一是固件逆向分析，攻击者对固件进行逆向解析获取加密算法等重要信息，并进一步开展攻击；二是数据隐私泄露，攻击者通过T-BOX接口进行数据抓包，以获得更多驾驶者信息。当前多是通过设立防火墙对车内、车外网络进行隔离（图9-6），并采用通信安全标准进行对外接口的规范。例如，使用软件组件和应用层网关（Application Layer Gateway，ALG）将车内网络和外部通信分割。

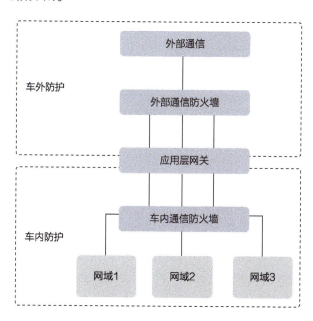

图 9-6 通信安全防护架构

注：信息由中国电动汽车百人会车百智库研究院整理。

车载安全网关实现车内网域分离，以更好地保护车内通信数据安全。车载安全网关能够在确认CAN的ID、报文内容以及报文传输频率的基础上，按照车内局域网（LAN）的规范对通信内容进行检查和过滤，以管理通信数据及分配访问权限，降低车辆被远程入侵和控制的风险。汽车开放系统架构（Automotive Open System Architecture，AUTOSAR）针对车内网络通信相关威胁，制定了"安全的片上系统（SecOC）"规范（图9-7）。SecOC规范提供了验证和完整性保护机制，采用对称加密或者非对称加密的方式确定报文验证码的真实性，确保接收的数据发送自正确的 ECU 而且没有数据被篡改,为汽车内部 ECU 之间的信息通信提供有效且适当的验证方法。

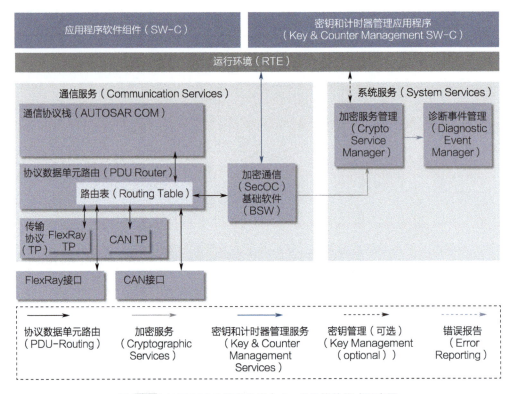

图 9-7 AUTOSAR 通信堆栈中 SecOC 模块集成示意图

注:信息来源于 AUTOSAR,由中国电动汽车百人会车百智库研究院整理。

三、车端引入互联网数据安全技术的难题

1. 细化的管理要求不明确

汽车数据分类分级管理要求不统一,制约汽车数据差异化防护能力的发展。汽车数据的类型复杂且数据量大,包括车辆、道路环境、通信网络、行人等多方面的数据,汽车数据安全防护难度极大。分级保护是保证数据安全的先决条件。目前汽车数据分类分级要求不统一,YD/T 3751—2020《车联网信息服务数据安全技术要求》、YD/T 3746—2020《车联网信息服务 用户个人信息保

护要求》、《自动驾驶数据安全白皮书》、TC 260-001《汽车采集数据处理安全指南》等文件对汽车数据分类分级要求均存在差异。

由于数据分类分级的具体细化要求不统一，在依据汽车数据的敏感性实施差异性防护时，无法采用高度自动化的技术进行精准防护，降低了防护效率。例如，汽车数据中包含大量的非结构化数据，在没有明确数据分类分级的情况下，无法对这部分数据进行自动化或半自动化防护，制约了数据安全防护能力及效率的提升。

汽车数据处理权责划分不清晰，不利于从零部件源头引入数据安全防护措施。汽车数据安全在供应链层面是乘法关系，而不是加法关系，一旦有一个链条环节为零，最终的防护效果就是零，全方位保障汽车整个供应链条数据安全的重要性不言而喻。应强化"安全左移"的防护理念，要在车辆硬件的设计和制造阶段就将数据安全防护技术预埋进去，以达到事半功倍的防护效果。

通常只有明确责任和义务后，企业才会更加重视数据安全合规工作。但是对于零部件供应商等参与主体在车辆数据安全保护中应该承担什么角色、如何配合车企、如果数据出现安全问题应该承担多大的责任等具体问题上尚未有明确答案，很难引起零部件供应商的重视，不利于构建以零部件安全为基础的整车安全防护体系。

规范的安全技术标准体系不健全，在技术或产品构成上缺乏有效的评判标准。汽车数据需要关注全生命周期安全防护，当前还没有行业通用的数据安全防护技术标准和模型，导致企业落实数据安全时缺乏可操作性的理论指导。工业和信息化部发布的《车联网网络安全和数据安全标准体系建设指南》中，数据安全技术标准仅包括密码应用、分类分级数据安全、重要数据记录系统、网约车服务四方面，缺乏汽车数据异常行为监测、数据传输、数据销毁等更多的涉及汽车数据安全领域的技术要求，既无法对信息安全风险进行预测、感知、监督，也无法对产品和服务的质量进行有效把控，一定程度上制约了汽车数据安全防护技术的迭代发展。

2. 互联网和汽车的安全防护对象存在较大差异

传统汽车的功能安全、网络安全防护手段已无法有效解决新的数据安全问题，互联网等其他领域领先的数据安全防护技术也很难直接引入车端，需结合汽车产品及产生数据的特点，对安全防护技术进行创新。

(1) 汽车具有高速移动和空间受限的特点

互联网行业数据安全防护对象以固定环境中的后台服务器为主，往往具有较强的计算能力，而汽车数据安全防护环境复杂性更高。汽车高速移动、空间有限、运行环境复杂的特点提高了对安全防护技术的要求。一是汽车移动过程中网络节点会高速切换，速度通常在 50km/h 以上，满足数据传输完整性、时效性和链路稳定性对技术的要求很高。二是汽车作为消费产品，更易受成本和空间的限制。由于芯片成本很高且有时会短缺，很难持续叠加车端的算力和存储空间。三是汽车安全防护对象更为多样，如芯片、传感器、车钥匙、车载操作系统等，要适配不同类型的零部件。四是汽车运行环境更为复杂，对车规级安全防护硬件的稳定性要求较高，需具备抗腐蚀、抗振动、抗沙尘等能力（图 9-8）。

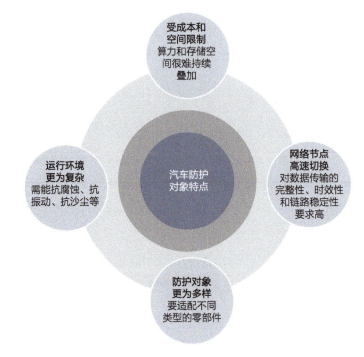

图 9-8 汽车数据安全防护特点

注：信息由中国电动汽车百人会车百智库研究院整理。

(2) 智能网联汽车受攻击面更广、攻击点更多

针对互联网安全常见的攻击手段有 SQL 注入攻击、DDoS 攻击、伪造、暴力破解、网络钓鱼等，采取网络防火墙、入侵防御等防护措施即可抵御。而智能网联汽车由于具有高速移动、通信接口复杂、零部件多等特点，面临更复杂的数据安全问题。

一是智能网联汽车面临的安全风险来自"云–管–端"三部分，即云平台（云端）、通信管道（管端）及终端（车端）（图 9–9）。云端方面，由于车端存储空间有限，云平台成为各类汽车数据的汇集点，具有极高的价值。但目前私有云、公有云、社区云各有潜在的安全隐患，包括不安全的云端接口、未经授权的访问、系统存在漏洞等。管端方面，为实现车联网、哨兵模式、智能座舱等功能，需要频繁地进行车车、车云交互，加大了数据传输过程中的安全风险。而车端风险主要来自蓝牙、车载 Wi-Fi 或其他射频信号，黑客可以通过蓝牙或 Wi-Fi 入侵车机系统，迂回到网关，对车辆进行控制。

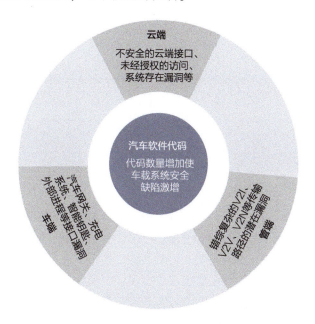

图 9-9 汽车中广泛存在的安全漏洞

注：信息由中国电动汽车百人会车百智库研究院整理。

二是汽车网关、充电系统、智能钥匙、外部进程等通信接口增多，且存在错综复杂的车对基础设施（Vehicle to Infrastructure，V2I）、车对车（Vehicle to Vehicle，V2V）、车对网络（Vehicle to Network，V2N）等的传输介质、协议等，导致汽车面对的攻击点数量更多。

三是汽车代码数量成倍增长，如特斯拉 Model S 系列的代码行数已超过 4 亿行，代码数量增加使车载系统安全缺陷激增。例如，某公司的安全研究人员攻破特斯拉无钥匙系统仅需 10s。据 360 车联网安全实验室统计，2021 年，国内 25 家汽车企业在售的 53 款智能网联汽车中，共计发现漏洞 1600 余个。

（3）汽车数据安全隐私广度范围更大

互联网数据安全事件以个人信息泄露、贩卖和丢失为主，2021 年的全球十大数据安全事件几乎都是关于用户信息泄露的，如 Facebook 泄露 5.33 亿用户信息、MobiKwik 泄露上亿用户的支付数据等（图 9-10）。

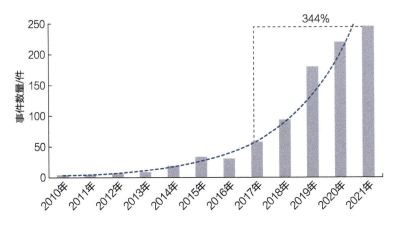

图 9-10 2010—2021 年智能网联汽车公开报道的安全事件数量变化趋势

注：数据来源于 Upstream，由中国电动汽车百人会车百智库研究院整理。

而伴随越来越多量产车开始搭载自动驾驶、智能座舱等技术和哨兵模式、远程拍照等新功能，汽车逐渐覆盖出行、娱乐、生活多种场景。场景覆盖度的不断增加，使得汽车数据安全隐私的广度大幅拓展。数据一旦遭到泄露、篡改、窃取等攻击，不仅会侵犯个人隐私、损害个人财产、威胁个人生命，也会对国家和交通安全带来极大隐患。

3. 整车安全防护水平参差不齐

汽车安全产品更多针对单点防护，防护力度明显不足。目前很多汽车企业在 T‑BOX、车载信息系统交互、网关以及芯片硬加密/软加密方面做了很多工作。但更多是采用单点技术或是产品进行安全防护，缺乏系统化构筑安全体系的思维，很难有效应对智能网联汽车面临的车机 App 和云端服务器漏洞、远程通信接口漏洞、车载网络指令被篡改等众多安全风险。

在现有硬件的基础上，实现软件防护能力上车存在困难，汽车企业仍然需要额外购买设备以支持车端安全防护。当前车载软硬件水平无法支持像 PC、手机的杀毒软件一样，仅通过下载或定期更新设备版本实现安全防护。汽车企业需要向信息安全服务商购买整套防护设备以实现汽车数据安全保护，不够灵活，难以应对复杂多变的安全风险。

4. 零部件供应商数据安全防护能力有待加强

汽车数据安全防护以整车企业为主，零部件供应商对数据安全重视程度不足，制约数据安全责任传递。从整车企业对数据安全的投入看，70% 以上的整车企业都自建了数据安全团队，配备了足够的安全人员，并在安全体系和防护产品方面建立起了相关的规范和要求。但汽车数据安全仅依靠整车企业来推动是不够的，需要零部件供应商与整车企业共担安全责任，提高整个行业的安全意识和水平。

例如，欧洲已经开始推进 ePrivacyseal 认证，以实现网络安全和数据安全责任向下传递。但国内很多零部件供应商在网络安全和数据安全管理机制方面仍有所欠缺，除了头部企业以外，绝大多数中小型零部件企业还未配备网络与数据安全团队。如何把数据安全责任向供应链上游传递是汽车行业现在面临的最大问题。

智能零部件主要由外资供应商把控，掣肘零部件厂商安全防护体系建设。目前，智能网联汽车的很多功能组件，如 AEB、ABS 等，主要由外资一级供应商整体打包提供，功能系统内部细节汽车企业无法掌控，我国还未解决有和无的问题，更高的数据安全要求也无从谈起。这一问题极大地制约了零部件供应商构建数据安全防护体系。

例如，三、四级供应商层面有超过95%的芯片依赖进口，且芯片底层代码掌握在国外芯片企业手中，国内零部件供应商很难鉴别国外芯片底层代码是否留有安全后门，无法确保系统的安全性。

5. 车端计算、通信等资源有限

（1）车端计算资源有限，无法支撑高规格数据加密技术

在构建智能网联汽车数据安全防护体系时，传统的防火墙、入侵检测等防护技术能直接迁移到汽车数据安全领域，但会受到车端算力的制约，要做轻量化处理。例如，T-BOX是实现车载网络与车外网络交互主要节点，某汽车企业提出要把亚信安全的入侵检测系统（Intrusion Detection System，IDS）安全产品引入T-BOX中，但仅预留5%的资源消耗给入侵检测，远不能满足产品的计算资源需求。如果增加车端硬件资源，会增加车端成本，但在有限的硬件资源下，实现安全能力的嵌入并稳定运行，仍存在技术瓶颈。

（2）车端额外集成数据安全防护能力会拉高整车成本

中国本土汽车企业整体利润较低（表4-6），2021年，我国汽车企业平均利润率仅为6.12%（图4-4），这些企业对整车成本管控非常严格。新势力汽车企业尚处于发展初期，离盈利还存在一定差距，对整车成本更敏感，数据显示，小鹏汽车每卖一辆车就要亏损近5万元。而数据安全防护技术的引入会进一步加大整车成本，例如，车辆主控制器芯片集成HSM硬件安全模块，可实现信息安全的集中管理，确保域控制器对所连接的ECU进行保护。但在集成安全启动、安全加密等功能后，单颗主控制器的成本要增加30~50元，若要保障全车ECU的安全，需要在每个主控制器芯片上集成HSM模块，整车成本会大幅增加。据调研，一辆车满足现阶段我国数据安全合规要求所增加的成本最少为300元。

(3) 加密算法应用于汽车行业存在不适配问题

汽车功能安全的实现需要依托数据实时传输和使用，引入加密算法后，会增加数据加解密等处理环节，势必会加大数据传输时延。若要保障时效性，则加密强度会有所下降，降低安全性。

此外，商用密码模块遵循的接口规范主要有 GM/T 0016—2012《智能密码钥匙密码应用接口规范》（简称 SKF 接口规范）、GM/T 0018—2012《密码设备应用接口规范》（简称 SDF 接口规范）和基于加密令牌的国际公钥加密接口规范（简称 PKCS#11 接口规范），以及各安全厂商自定义的密码应用接口规范等。车、路、云等领域不同设备制造商间的密码算法接口不统一，安全应用系统调用不同厂商的密码模块时要适配多种接口规范，存在大量的适配、验证及集成工作。

(4) 车内通信网络协议缺乏安全机制，加大车辆数据传输安全风险

CAN、车载以太网等车载网络协议缺乏安全设计，车内数据传输主要根据功能进行编码，按照报文 ID 进行标定和接收过滤，仅部分数据提供循环冗余校验，缺乏重要数据加密、访问认证等防护措施，导致车载网络容易受到嗅探、窃取、伪造以及篡改等攻击威胁，难以保障车载网络的安全性。

一方面，当前 CAN 总线缺乏必要的数据安全防护，主要体现在以下三方面：一是缺乏加密和访问控制机制，汽车控制指令可被攻击者根据通信协议逆向分析，并用于攻击指令伪造；二是缺乏认证及消息校验机制，不能对攻击者伪造、篡改的异常消息进行识别和预警，加大物理侵入或远程侵入实施过程中的消息伪造、拒绝服务及重放等攻击的威胁；三是 CAN 总线缺乏加密技术，广播的报文数据处于未加密状态，允许每个节点捕捉 CAN 网络报文，任意节点被攻破就可能造成报文数据泄露。

另一方面，车载以太网架构本身的安全系数不够高，存在加密、认证、重放、拒绝服务等安全性漏洞。其采用的实时通信协议缺乏时间戳和加密操作，容易受到拒绝服务攻击、数据篡改和中间人攻击等，会导致车辆网络带宽或者系统资源消耗过大，使网络或者系统不堪负荷，使车辆面临车载通信网络瘫痪的风

险。同时，车载以太网缺乏数据可靠性和完整性校验，难以抵御重放攻击和拒绝服务攻击，导致车辆收到错误的信息，影响车辆及驾驶人行驶安全。

(5) 车外通信安全防护机制不完善，降低通信可信度

汽车对外通信过程中的网络拓扑结构会随车速频繁变化，通信节点出现或消失的随机性强，使数据吞吐量快速变化，导致数据传输信道堵塞，从而引发涉及安全的消息传输失败。例如，目前基于通用分组无线业务（General Packet Radio Service，GPRS）技术的安全消息广播技术的链路稳定性差，尤其无法保证较远距离且高速移动节点的链接可靠性。此外，在通信节点不断变化的过程中，很容易被可疑车辆伪造通信节点，篡改信道中的信息，从而降低通信的可信度，降低车辆安全性。

(6) 车载 App 缺乏针对性的检测工具

车载 App 已不仅聚焦车辆本身，而是集成控车、服务、社交等功能，成为厂家与用户间的高效沟通渠道。但当前车载 App 安全防护不到位，会导致车主用户信息、车机系统日志等数据存在泄露风险，甚至会造成车辆运行相关数据遭到篡改或者窃取。例如，腾讯科恩实验室曾在研究中成功远程登录特斯拉车端 App，不仅能够截取用户账户密码，还能够远程解锁车辆。目前市场上的 App 检测工具主要还是针对手机端的，针对车机端 App 监测还缺乏高效或真正有用的工具。

防护技术仍需进一步创新，提升汽车数据安全能力。一方面，汽车行驶过程中网络节点会高速切换，能够满足数据传输的完整性、时效性和链路稳定性要求的安全防护技术目前仍处于空白。需进一步针对汽车高速行驶、多场景化等特征，加大安全防护技术的创新力度。另一方面，区块链、隐私计算等新一代信息技术在车端应用需要较大的计算和存储资源支持，但车内的算力和存储能力无法动态扩展且扩展成本高昂。以安全多方计算技术为例，其计算过程相对于明文计算增加了电路转换、加密解密等过程，需要消耗额外的计算资源，目前最前沿的安全多方计算框架计算 64 位整数的两个 10 万元素向量内积的时间在 $10^{-2} \sim 10^{-1}$ 秒级浮动，车端算力远不能满足需求，对于这类技术需要进行针对性的优化和适配。

四、推动数据安全防护技术上车的策略

1. 推进汽车安全防护技术标准制定与更新

推动数据脱敏、存储、共享、销毁等标准的制定,提高数据安全和信息安全的自主可控性。同时,根据最新的法规要求及行业需求,参考已发布的标准在实施过程中遇到的问题,针对性地对已发布的标准进行修订和更新。

2. 加强公共服务平台建设

汽车安全防护已进入数据安全监管时代,监管要求的落实为企业带来诸多困难和挑战,建议围绕产业内的共性问题,培育和发展公共服务平台(图9-11),降低企业重复工作对资金和时间的占用,减轻企业负担。

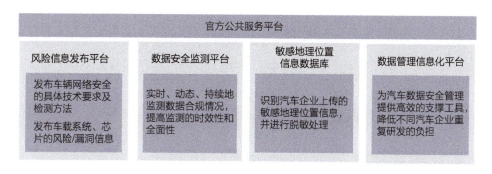

图 9-11 汽车数据安全公共服务平台

注:信息来源于北京信百会信息经济研究院,由中国电动汽车百人会车百智库研究院整理。

一是建立行业性共享数据库。汇总不同企业高质量数据和测试场景库,建立道路数据训练、共享性模型以及国家敏感区域地理信息等公共数据库,为汽车数据安全合规提供参考和指导。汽车企业在进行模型训练或者数据过滤的过程中,可采用联邦学习、多方计算、隐私计算等技术手段和方法,以信息科技手段创新,推动产业链上下游企业共享数据。

二是建立行业层面的车载漏洞发布、风险识别平台。借鉴互联网、金融等行

业在建立数据安全监测预警、应急响应机制方面的成功经验，并结合智能网联汽车的特点，推动汽车行业建立高效的漏洞发现、处置与管理机制，形成企业–行业双层漏洞监管机制。行业层面建立官方车载系统风险/漏洞信息发布平台，如主流芯片或操作系统等，更有针对性地做好智能网联汽车安全防护与漏洞监测预警，积极引导汽车数据安全防护技术发展与进步。企业层面完善漏洞报送和管理机制，积极引导"白帽"黑客挖掘汽车企业产品漏洞，并向企业报送。以案例共享、群力群策的方式帮助产业链各方提升对数据安全漏洞、风险识别、防范和解决的能力。

三是强化汽车数据安全监测评估服务。提高汽车数据安全检测评估服务能力，建立汽车数据安全监测机制，开展常态化汽车数据安全评估，对存在的汽车数据安全问题及时监督整改。依托国家级第三方安全检验检测中心，强化车联网关键设备及系统平台的数据安全检测与准入认证服务，并通过车联网安全检测评估试点示范建设，加强相关技术手段和产品服务的产业化应用和推广。

四是开展数据管理信息化平台试点示范建设。以领军汽车企业为核心，联合软件、信息通信技术（ICT）企业共同进行数据管理信息化平台的建设工作，通过供需双方不断探索、磨合，在试点过程中完善平台架构和功能体系，并面向行业广泛推广，为汽车数据安全管理提供高效支撑工具。

3. 推动生态企业共同落实关键技术规范

依托行业机构的力量，拉通汽车企业、零部件厂商、信息服务商以及安全服务提供商等产业链上下游企业，建立各方联动合作的有效机制，分工协作，共同围绕汽车数据安全防护的需要，加强技术联合研发，形成软硬一体化集成能力。

一是鼓励汽车企业发挥产业链核心带动作用，构建汽车安全防护技术联盟，带动零部件供应商、网络安全服务商、数据安全服务商共同开发车端数据安全防护产品，从零部件研发生产环节就嵌入适配的安全防护软件，以软硬一体化方式提高整车数据安全防护水平。

二是鼓励汽车企业与网络安全、数据安全服务商合作，共同研发符合车端数据采集监测需求的应用程序，为监控车载 App 数据采集行为提供工具支撑。

4. 推进底层技术发展策略

汽车企业需要加强信息安全全局防御观念，构建整车安全免疫系统，以完整的技术体系推动实现整车全方位防护。

一是充分借鉴 IT 行业现有的身份认证、加密存储等防护技术，解决部分实时性要求较低场景的安全问题，提升基础防护能力。

二是加强软件操作系统和硬件芯片等底层技术的安全防护，推动车机系统防护软件、脱敏技术、国密算法上车，进一步构建整车安全免疫系统。例如，一方面对实时性要求较低的功能系统部署国密算法，提升数据传输的安全性；另一方面，要鼓励整车、零部件及网络安全等相关企业开展商用密码技术能力布局和能力建设，推进实时性要求高的功能系统的国密算法测试验证。

三是探索和使用多方安全计算、区块链、联邦学习等隐私计算技术上车，保证多方联合使用时数据"可用而不可见"，实现隐私保护和数据价值挖掘双重效果。这些先进技术对算力的需求较大，实现方式可从两方面考虑：一方面是对技术做适当剪裁，在满足汽车安全防护的前提下，降低技术复杂度，降低算力需求；另一方面，可优先考虑部署在算力充足的域控制器上，例如，可以将联邦学习算法部署在部分旗舰车型的大算力单片系统（System on Chip，SoC）中，解决数据不出车的问题。

第十章
企业管理

一、企业数据安全管理体系建设进展不一

据调研，51.4%的企业认为"内外部环境动态变化，安全状态持续保障难"是企业数据安全防护面临的最大问题⊖。传统以网络和系统为中心的"堡垒式"安全防护手段已难以抵御数据流转过程中的安全风险，需要企业构建全方位的数据安全管理体系，主动应对数据安全风险，有效开展持续、动态数据安全防护。

不同企业的数据安全管理体系建设情况存在较大差异。目前汽车数据安全责任主体为整车企业，70%以上的整车企业都自建数据安全团队，并配备了足够的安全人员。例如，蔚来已建立起跨部门数据安全工作组，涵盖法务、产品安全部和企业信息安全部3个核心部门，由首席安全科学家统筹负责公司整体的安全工作。

但也有部分企业的数据安全管理体系还流于形式且彼此独立。某传统整车企业的数据安全合规管理为研发部负责人兼管，数据安全管理由车联网运营部门负责（表10-1）。

⊖ 来源于中国信息通信研究院数据安全推进计划，《2022年数据安全行业调研报告》。

表 10-1　部分整车企业数据安全体系建设进展（截至 2022 年 6 月）

企业	数据安全体系建设进展
上汽	上汽按照四个层次进行数据安全管理体系建设，其中一阶、二阶由集团统一制定，三阶、四阶由企业根据自身特点进行建设
徐工	数据安全管理由车联网运营部门负责，数据安全合规管理为研发部负责人兼管
蔚来	由首席安全科学家总负责公司整体的安全工作，下辖跨部门的数据安全工作组，包括三个核心部门，分别为法务部门、产品安全部和企业信息安全部
小鹏	成立了 30 人左右的信息安全与数据合规委员会，主席由副董事长担任，成员由各个业务线的总裁或者副总裁担任，以提供资源支持。委员会下设信息安全、数据合规两个工作组
理想	由联合创始人牵头建立信息安全管理委员会，委员会由研发、财务、法务、对外事务、软硬件开发、采购等部门的人员组成
集度	合规体系负责人由运营负责人牵头，同时包括信息安全、法务、整车合规、IT 等部门人员，执行层面会根据业务设立相应的工作组负责数据安全合规落地
斑马智行	数据安全合规总监作为数据安全负责人，业务、研发负责人把数据监管政策落实到具体产品，由合规部门进行合规审计

注：信息由中国电动汽车百人会车百智库研究院整理。

反观零部件供应商，除头部供应商十分重视数据安全管理体系建设以外，绝大多数的中小型零部件企业在网络安全和数据安全管理机制方面未能配齐数据安全团队。整个汽车产业链各方主体的数据安全管理体系建设程度参差不齐。

加强数据安全管理能为企业发展提供保障。从企业自身角度来讲，加强数据安全管理能有效避免数据管理不当或泄露造成经济损失。例如，2022 年，某新能源汽车企业因管理不当造成内部数据被公开售卖，并被勒索 225 万美元。从行业角度来讲，加强数据安全管理有助于拉齐产业链上下游企业数据安全管理水平，为最大化发挥汽车数据价值和建立汽车数据流通机制提供安全基础。

二、企业建设汽车数据安全管理体系面临的难题

1. 法规具体条款、实施文件缺失无法为企业提供指引

法规具体条款要求不明确。法律法规是指引企业数据安全能力建设的重要依

据，中国信息通信研究院（简称信通院）的《2021年数据安全行业调研报告》显示，当前有近60%的受访企业认为"不了解监管要求"是企业开展数据安全建设工作面临的最大问题（图10-1），主要原因之一就是数据安全与隐私保护法规仍存在具体条款缺失。

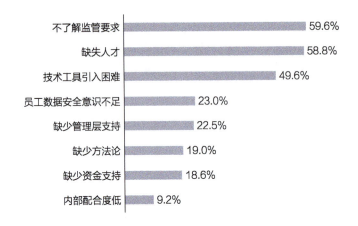

图 10-1 企业数据安全管理能力建设面临的挑战

注：数据来源于信通院《2021年数据安全行业调研报告》，由中国电动汽车百人会车百智库研究院整理。

当前，汽车数据安全和隐私保护、信息侵权责任界定等依然存在法律条款内容缺失问题。例如，《汽车数据安全管理若干规定（试行）》《信息安全技术 汽车数据处理安全要求》等法规、标准主要关注新能源汽车企业对用户和车辆安全的日常维护。但发生黑客入侵、用户信息泄露等突发事件时，新能源汽车企业应承担的网络安全管理、经济赔偿等具体责任界定尚无相关规定。

标准、指南等实施文件缺失。汽车数据安全法律法规主要是原则性规定，我国对于数据安全风险评估、数据共享、数据安全应急响应等的标准、指南这类实施文件存在缺失。例如，国家标准《智能网联汽车 数据通用要求》（征求意见稿）中与汽车数据安全管理相关的内容只停留在"做什么"的层面，缺乏具体实施路径和评定标准。企业在建设数据安全管理体系时目标模糊、步骤不清晰、体系不协同，导致企业的产品开发、生产制造、售后服务等管理与网络/数据安全管理缺乏有效融合，整个汽车产业数据安全管理都面临"头痛医头、脚痛医脚"的问题。

2. 企业建设数据安全管理体系受组织因素制约

缺乏软件、数据管理经验。汽车产业链更加重视硬件产品的功能安全，企业偏向于工厂式管理，主要通过计划、组织、用人等活动对生产过程和生产者进行管理。但是软件和数据安全管理更多体现在产品使用过程中，更加注重无实体形态的产品软件防护、漏洞风险管理以及风险评估等。目前，各产业链企业缺乏数据安全管理必要的技术、人才及制度，缺乏对数据精细化管理和应用的系统性规划和经验，影响其数据安全管理效能的发挥。

缺乏数据安全相关人才。人员作为企业数据安全工作的重点管理对象之一，也是支撑企业开展数据安全工作的核心力量。但是汽车行业数据安全从业人员多由互联网信息安全人员或网络安全人员转化而来，对汽车行业认知有限；同时，汽车行业人员又缺乏数据安全相关能力和知识储备。随着汽车企业数据安全管理实践不断深入，汽车行业数据安全专业人才匮乏的弊端凸显。如何培育一支专业化复合型数据安全从业人员梯队是行业发展面临的重要问题。

部门之间协调难度大。数据安全管理涉及研发、生产、营销、售后的全生命周期，涵盖数据分类分级管理、重要数据管理、数据资产梳理以及数据可信存证等环节（图10-2），需要企业全部业务部门有效协同（图10-3）。

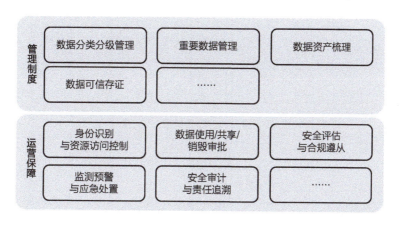

图 10-2 数据安全管理涉及的环节

注：信息由中国电动汽车百人会车百智库研究院整理。

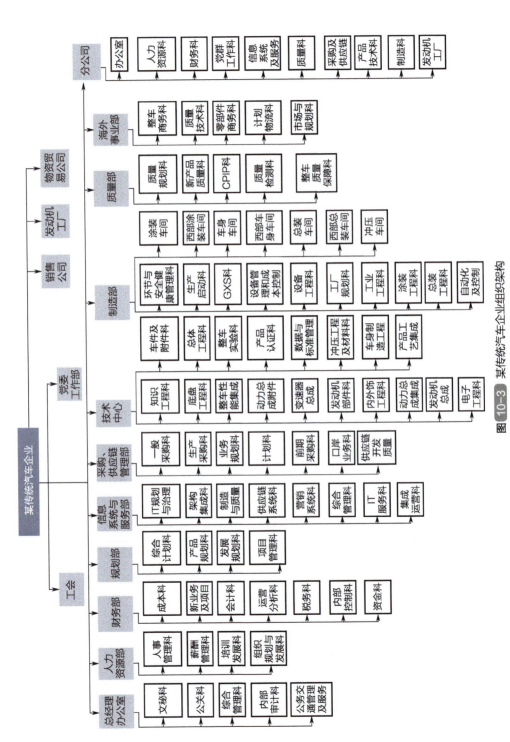

图 10-3 某传统汽车企业组织架构

注：信息由中国电动汽车百人会百智智库研究院整理。

一是汽车企业、零部件供应商等企业各部门职责分工不同，实际业务开展过程中，产品开发、法务等部门对数据安全的认知不在一个层级。例如，汽车企业技术开发人员主要是技术工程背景，对数据合规的理解不到位，而法务人员更多是法律背景，对产品开发了解不够深入，双方并未充分厘清汽车工程技术与数据合规的关系，使数据安全管理体系与业务贴合度不高。

二是各部门间数据壁垒和信息孤岛现象突出，跨业务的集成、统计、分析和研究操作难度大，系统间数据统一管理和共享成为难题。例如，汽车企业各业务所使用的客户关系管理（CRM）、企业资源管理、人力资源（HR）管理及供应链管理（SCM）等系统的功能和应用相互独立，接口的通信协议兼容性差，数据格式不统一。例如，单是针对白色车身就有白色、珍珠白等多种差异性描述，若叠加上千种车辆型号，数据类型更为复杂。

三、企业建设数据安全管理体系指南

1. 细化数据安全监管要求

一是从法规角度明确发生数据泄露等突发事件时汽车企业、零部件供应商的权责划分原则，以及对用户的经济赔偿标准。二是细化网络信息安全相关行为规范，在实际实施过程中，加大对企业的引导和管制力度。

2. 制定数据安全管理体系建设指导细则及标准

加快制定企业数据安全管理体系实施办法，为企业提供切实可行的实施路径。完善数据安全风险评估、应急响应等的评定标准，确保关键领域和核心环节的数据安全。例如，明确汽车企业对于供应商数据采集行为的监督约束标准，形成具体明确的操作指引。

3. 企业数据安全管理体系建设需从顶层出发，层层落实

数据安全管理是一个需要多方协同的复合型工作，需要从目标战略、组织架

构、落地执行、实施文件等多个维度，制定纵向集成、横向联动、清晰明确的管理体系架构，明确人员责任义务，规范业务流程标准。

一是目标战略方面，需要实现数据安全防护一盘棋，统一规划数据安全管理目标并形成内部安全管理共识，打通不同体系相关部门之间的沟通障碍。

二是组织架构方面，初期阶段可以由 CEO 或创始人等企业高层牵头协调内部资源，搭建数据安全管理体系框架。随着内部体系逐渐完善，设立独立的首席数据官职位，而非由现有高层兼任，更好地推动企业内部数据管理工作有序落地。再由首席数据官牵头建立包括数据安全、功能安全、预期功能安全、网络安全等的统一安全管理团队，打通不同部门间的沟通障碍，系统化推进数据安全合规进度追踪、问题排解、成效管理与复盘优化，联动业务部门打造一体化数据安全管理体系。

三是落地执行方面，自上而下明确各方责任。执行过程中从公司战略层面统一规划数据安全管理目标并形成内部安全管理共识，抽调各业务部门负责人加入数据安全合规联动小组，由上而下将任务目标拆解到各业务部门，将安全责任划分到具体团队及个人，并将数据管理工作纳入年度/季度关键绩效考核指标，明确各方数据安全管理义务和责任。

四是实施文件方面，由于汽车数据安全管理规范和标准文件正在积极制定阶段，企业内部搭建数据安全管理文件体系时也面临文件缺失的现状。一方面，企业可以将数据安全管理文件与功能安全、预期功能安全、网络安全进行融合，以解决早期数据安全管理文件缺失的问题。另一方面，企业在保障安全底线的基础上，要勇于创新内部数据安全管理文件，进行内部试点应用，也能为后续的行业标准、国家标准的制定提供参考借鉴。

4. 企业要坚守安全发展底线

各类汽车数据处理者在开展重要数据使用、跨境数据传输、个人隐私保护等数据处理活动时，要保持敬畏心，强化数据处理主体"自我规制"观念，自觉遵守法律法规各项要求。针对现行规定以外的情形，也要明确底线，坚持守正创新，营造合规、有序、安全的产业发展环境。

5. 加快数据安全管理与原有体系融合

依托现有汽车数据安全管理规范和标准，参考 ISO 26262《道路车辆 功能安全》、ISO 21448《道路车辆 预期功能安全》、ISO 21434《道路车辆 网络安全工程》等标准的管理流程及框架，在已有的管理体系框架上纳入数据安全管理流程。在企业原有的管理体系文件架构的基础上补充数据安全管理各级文件，实现管理体系文件的融合，形成能够加快体系化数据安全管理流程落地的技术指南和运营保障机制，更好地指导业务团队数据安全合规。

6. 充分利用第三方机构的专业能力

借助汽车数据安全服务商长期跟踪国内外法律法规变化的优势，通过过往积累的数据治理思路、经验的迁移，快速完善汽车企业自身的数据安全管理体系，弥补自身数据安全管理短板。一方面通过咨询、培训的方式对企业内员工进行定期数据安全理念宣贯，提高企业整体数据安全防护意识；另一方面，借助第三方机构的专业安全防护能力，全面梳理企业数据资产，匹配适合的安全防护技术，实施更加精准的防护措施。

附　录

附录 A　汽车数据分类分级全景示例

数据类别			数据示例	相关等级
P：人	P1：身份证明数据	P1-1：用户身份和标识数据	P1-1-1：用户基本资料数据	姓名、证件类型及号码、年龄、性别、职业、国籍、电话号码等信息数据	S2
			P1-1-2：用户身份证明数据	身份证、护照、机动车驾驶证、社保卡等证件影印件数据	S2
			P1-1-3：用户生理标识数据	指纹、声纹、虹膜、面部特征等数据	S2
		P1-2：用户交易及鉴权数据	P1-2-1：普通鉴权信息数据	服务涉及的密码、口令、密码保护答案、解锁图案、验证码等数据	S2
			P1-2-2：交易鉴权信息数据	交易账号及相应的密码、密码保护答案、解锁图案等数据	S3
			P1-2-3：交易信息资料数据	交易信息、消费记录、流水记录等数据	S3
	P2：用车行为数据	P2-1：驾驶行为习惯数据	P2-1-1：驾驶习惯数据	驾驶路线、变道次数/频率、变速频率、急加速、急制动等驾驶人偏好数据	S2
			P2-1-2：自动驾驶习惯数据	辅助驾驶功能使用频次、不同场景下辅助驾驶功能使用规律等数据	S2
		P2-2：座舱行为习惯数据	P2-2-1：用车习惯数据	空调控制、车窗控制、车门解锁习惯等数据	S2
			P2-2-2：信息娱乐使用数据	网页浏览记录、广播收听、App使用频率、App操作记录、购物记录、语音通话和视频等数据	S2
			P2-2-3：用户状态信息数据	如语音、手势、眼球位置变化等数据	S2

（续）

		数据类别		数据示例	相关等级
P：人	P3：用户服务数据	P3-1：车联网信息服务数据	P3-1-1：联系人信息数据	如通讯录、联系人列表等信息数据	S2
			P3-1-2：用户私有电子资料数据	用户云存储、终端、SD卡等中的用户文字、多媒体等资料数据	S2
			P3-1-3：业务订购、订阅关系数据	业务推送，业务订购信息，业务注册时间、修改、注销状态信息等数据	S1
			P3-1-4：基于服务的衍生信息数据	个人生活习惯、健康状况等资料数据	S2
		P3-2：信息服务平台类数据	P3-2-1：出行服务平台数据	用户在使用出行服务时产生的个人信息数据	S2
			P3-2-2：交通安全服务平台数据	交通管理过程中的用户违法行为抓拍、车辆信息等个人信息数据	S2
E：环境	E1：地理坐标数据	E1-1：公共设施地理坐标数据	E1-1-1：服务设施地理坐标数据	充换电站分布、公共交通站点、商圈分布等地理坐标数据	S1
			E1-1-2：道路设施位置数据	交通信号灯、交通标志、路侧采集设施等的地理坐标数据	S1
			E1-1-3：车路协同服务设施位置数据	边缘计算服务器地理坐标数据	S2
		E1-2：国家秘密地理坐标数据	E1-2-1：涉及国家经济命脉的地理坐标数据	如水利设施、电力设施、银行金库等的地理坐标数据	S4
			E1-2-2：涉及安全的单位及设施的地理坐标数据	如武器弹药、爆炸物品、剧毒物品、危险化学品存储厂库区等的地理坐标数据	S4
			E1-2-3：涉及军事以及政治的地理坐标数据	如军事禁区、军事管理区、国家要害部门等的地理坐标数据	S4
	E2：道路/交通信息数据	E2-1：道路信息及标识数据	E2-1-1：道路基本信息数据	道路名称、道路位置、道路类型、道路限速限宽等道路信息数据	S1
			E2-1-2：道路几何结构数据	道路曲率、道路坡度等数据	S1
			E2-1-3：道路交通要求数据	道路限速、道路限高、车道线要求、交通规则等数据	S1
			E2-1-4：基础设施运行数据	如充电网的运行数据	S3
		E2-2：交通动态信息数据	E2-2-1：交通监控数据	信号灯状态、道路流量（行人、车辆）、交通事故等数据	S3
			E2-2-2：V2X数据	路侧计算数据、车路协同数据等	S2

（续）

数据类别			数据示例	相关等级
C：车	C1：属性及资料数据	C1-1：车辆基础属性及资料数据	C1-1-1：车辆一般属性数据	车辆型号、车身颜色、车身尺寸、载质量、品牌、生产企业等	S1
			C1-1-2：车辆性能指标数据	百公里加速时间、续驶里程、动力蓄电池能量密度等数据	S1
			C1-1-3：设计相关企业核心数据	底盘、车身、动力装置等核心零部件的设计数据、测试数据	S3
		C1-2：车联网相关属性及资料数据	C1-2-1：应用软件基础属性数据	软件的品牌、型号、操作系统类型等数据	S1
			C1-2-2：车联网服务平台的基础属性数据	服务平台主机或操作系统类型、品牌等数据	S1
			C1-2-3：车联网服务平台运行资料数据	如运行状态、维护日志数据等	S3
		C1-3：自动驾驶相关属性及资料数据	C1-3-1：自动驾驶配置数据	摄像头、雷达等传感器类型、型号、生产厂商、配置个数等数据，芯片、操作系统类型等数据	S1
			C1-3-2：自动驾驶规范数据	自动驾驶功能规范、性能指标、执行器的需求规范等数据	S3
			C1-3-3：场景库资料数据	场景障碍物布置、路面平度、交通指示、交通标记等测试用例数据	S2
	C2：工况及控制数据	C2-1 车辆运行工况类数据	C2-1-1：车辆动态数据	起步、加速、等速、减速、转弯、上下坡、停车等行驶工况数据	S2
			C2-1-2：零部件运行数据	发动机转速，发动机、电机输出功率等数据	S2
		C2-2：车辆静态工况类数据	C2-2-1：静态工况数据	平均行驶速度、年行驶里程、车辆停车次数、制动次数等	S2
		C2-3：车辆控制数据	C2-3-1：车身控制数据	车门、车窗、灯光开关，刮水器、空调使用等数据	S2
			C2-3-2：智能决策控制数据	自动驾驶控制指令等数据，如自动驾驶控制指令、接管请求等	S3
		C2-4：车辆远程控制数据	C2-4-1：远程监控一般数据	车辆远程开关门锁、远程开关空调、远程鸣笛和闪灯等相关指令等数据	S2
			C2-4-2：远程规模性控制数据	车队规模的多辆汽车远程指令等数据	S3

（续）

数据类别				数据示例	相关等级
C：车	C3：监控及服务数据	C3-1：交通安全管控类数据	C3-1-1：道路运行类数据	交通违章记录、收费站记录（ETC或收费站记录）、路侧监控、限行信息（限行规则及路段）等数据	S2
			C3-1-2：车辆变更数据	车身颜色变更、发动机号变更、车牌号变更等数据	S2
			C3-1-3：车辆事故数据	车辆交通违章记录、报案记录、出险记录、保险记录等数据	S2
		C3-2：车辆后市场服务数据	C3-2-1：车辆维修数据	车检记录、维修记录、保养记录等数据	S2
			C3-2-2：二手车交易记录	评估记录、交易记录等数据	S2
O：其他	O1-1：公司资料数据		O1-1-1：公司内部数据	工厂原理图、机器人配置、协议文件、员工信息数据	S3
			O1-1-2：销售相关数据	销售信息、发票、报价等数据	S2
			O1-1-3：公司客户数据	客户联系信息、客户隐私条款、合作合同、协议文件等数据	S3

注：1. 在数据分类实践中，数据存在交叉，由于个人数据的定义范围较广，凡与可识别的自然人有关的数据，均划归为"人"大类数据中。

2. 涉及个人信息主体超过10万人的敏感数据升级为重要数据。

3. 涉及国家安全的相关个人数据升级为核心数据。

4. 数据出境依据《数据出境安全评估办法》《个人信息出境标准合同办法》相关管理要求。

5. 汽车数据分类分级未考虑车端采集的气象数据，气象数据的分类分级参考《中华人民共和国气象法》等相关要求。

6. 汽车数据分类分级未单独对特定园区运营车辆数据进行划分。

附录 B 世界主要国家/组织宏观数据安全政策法规汇编

国家/组织	发布日期及发布单位	名称	网络/数据安全相关的核心内容
中国	2016 年 全国人大常委会	《中华人民共和国网络安全法》	明确提出实行网络安全等级保护、用户信息保护、网络安全监测预警和信息通报等制度,要求关键信息基础设施的运营者在我国境内收集和产生的个人信息和重要数据应当在境内存储
	2017 年 中共中央办公厅、国务院办公厅	《关于促进移动互联网健康有序发展的意见》	提出增强网络安全防御能力,制定完善关键信息基础设施安全、大数据安全等网络安全标准,明确保护对象、保护层级、保护措施
	2017 年 全国人大常委会	《中华人民共和国测绘法》(最新修订版)	明确提出测绘基准和测绘系统、基础测绘、界线测绘和其他测绘、测绘资质资格、测绘成果、测量标志保护、监督管理等要求
	2019 年 国务院办公厅	《关于促进平台经济规范健康发展的指导意见》	明确平台在经营者信息核验、消费者权益保护、网络安全、数据安全等方面的相应责任,强化政府部门监督执法职责
	2020 年 中共中央	《关于制定国民经济和社会发展第十四个五年规划和二〇三五年远景目标的建议》	扩大基础公共信息数据有序开放,建设国家数据统一共享开放平台。保障国家数据安全,加强个人信息保护。提升全民数字技能,实现信息服务全覆盖。积极参与数字领域国际规则和标准制定
	2021 年 国务院办公厅	《全国一体化政务服务平台移动端建设指南》	加强数据安全管理,强化用户隐私保护,严格规范用户信息采集,保障用户知情权、选择权和隐私权
	2021 年 全国人大常委会	《中华人民共和国数据安全法》	要求根据各类数据在社会经济发展中的重要程度以及危害程度对数据进行分级分类保护,提出企业使用数据要征得用户同意
	2021 年 全国人大常委会	《中华人民共和国个人信息保护法》	对不同类型个人信息数据处理规则和跨境规则进行了说明,明晰了个人信息处理者的义务,提出应实施分类分级管理、采取加密等安全措施、制定应急预案、遵循数据采集"最小化"等要求和原则

（续）

国家/组织	发布日期及发布单位	名称	网络/数据安全相关的核心内容
中国	2021年 国务院	《关键信息基础设施安全保护条例》	明确关键信息基础设施的定义和认定程序，采取措施，监测、防御、处置来源于我国境内外的网络安全风险和威胁，保护关键信息基础设施免受攻击、侵入、干扰和破坏，依法惩治危害关键信息基础设施安全的违法犯罪活动
	2022年 国务院	《"十四五"数字经济发展规划》	建立健全数据安全治理体系，研究完善行业数据安全管理政策，研究推进数据安全标准体系建设。建立数据分类分级保护制度，规范数据全生命周期管理，落实数据安全保护责任
	2022年 国务院办公厅	《要素市场化配置综合改革试点总体方案》	提出在保护个人隐私和确保数据安全的前提下，分步有序推动部分领域数据流通应用。运用技术手段构建数据安全风险防控体系
	2022年 国务院	《"十四五"市场监管现代化规划》	健全事前事中事后监管制度，制定大型平台企业主体责任清单，建立合规报告和风险评估制度。加快完善国家数据安全标准与认证认可体系
	2022年 国务院	《政府工作报告》	提出完善数字经济治理，培育数据要素市场，释放数据要素潜力，提高应用能力，更好赋能经济发展、丰富人民生活。强化网络安全、数据安全和个人信息保护
	2022年 中共中央、国务院	《关于加快建设全国统一大市场的意见》	建立健全数据安全、权利保护、跨境传输管理、交易流通、开放共享、安全认证等基础制度和标准规范，推动数据资源开发利用
	2022年 中共中央、国务院	《关于构建数据基础制度更好发挥数据要素作用的意见》	从总体要求、数据产权、流通交易、收益分配、安全治理及保障措施六个方面提出20条意见，指导数据要素市场发展
	2022年 国家网信办	《数据出境安全评估办法》	提出数据向境外传输应进行安全评估的具体情形，要求数据处理者在评估前要先自查，规范了我国数据跨境传输的具体要求
	2023年 中共中央、国务院	《数字中国建设整体布局规划》	数字中国建设按照"2522"的整体框架进行布局，即夯实数字基础设施和数据资源体系"两大基础"，推进数字技术与经济、政治、文化、社会、生态文明建设"五位一体"深度融合，强化数字技术创新体系和数字安全屏障"两大能力"，优化数字化发展国内国际"两个环境"

（续）

国家/组织	发布日期及发布单位	名称	网络/数据安全相关的核心内容
美国	1914 年	《联邦贸易委员会法》	联邦贸易委员会在众多领域积极开展隐私和数据安全保护举措，包括针对社交媒体公司、移动应用程序开发商、物联网公司等开展调查
	1974 年	《隐私法》	保护公民隐私权和知情权，针对联邦行政部门收集、利用和保护个人数据等方面做出规定
	1986 年	《电子通信隐私法》	要求美国政府要保障公民在电子通信过程中传输信息的安全，包括电子邮件、电话等
	1986 年	《计算机欺诈和滥用法》	要求保障计算机信息系统里较为敏感信息的安全，对计算机网络犯罪行为进行了规定，明确了计算机欺诈和滥用范围
	1996 年	《健康保险流通与责任法案》	保护敏感的患者健康信息，具体规定了个人隐私保护准则、涵盖的实体范围，以及数据使用和披露的条件
	1998 年	《儿童在线隐私权保护法》	要求美国各个网站收集、存储、使用或者披露 13 岁以下儿童的个人信息必须征得他们监护人的许可
	1999 年	《网络空间电子信息安全法》	联邦政府执法机构可以获取加密密钥和加密方法，其他未经法律授权的机构和个人都不得行使该项权利
	1999 年	《金融服务现代化法案》	整合了美国庞杂的金融法律体系，建立了一套允许银行、证券公司、保险公司和其他金融服务提供者之间联合经营的金融体系
	2018 年	《澄清域外合法使用数据法》	要求对危害美国国家安全的犯罪、严重刑事犯罪等重大案件，无论服务提供者的通信、记录或其他信息是否存储在美国境内，都应该根据该法案进行调取并提供相关证据

（续）

国家/组织	发布日期及发布单位	名称	网络/数据安全相关的核心内容
欧盟	2010年	《欧盟2020战略》	提出数字社会的增长计划
	2015年	《欧洲数字单一市场战略》	提出建立全新的统一数字市场，充分发挥数字时代的优势和资源共享能力，增强网络信息信任和安全措施等七方面的优先战略目标
	2016年	《通用数据保护条例》	对个人数据做出定义，对公司如何处理欧盟内个人数据进行管控，定义个人对其数据拥有的权利，同时规定数据国际传输的各种要求
	2019年	《网络安全法案》	引入了欧洲网络安全证书框架。加强了欧盟网络安全机构（ENISA）的职责，规定了制定欧洲网络安全认证计划的主要横向要求
	2020年	《欧洲数据战略》	通过"开放更多数据"和"增强数据可用性"为欧洲数字化转型提供发展和创新动力
	2020年	《欧盟数字十年的网络安全战略》	制定了未来十年欧盟的网络安全建设目标。调整对网络空间主权问题的认知，提出加强监管，维护欧盟的技术主权
	2020年	《欧洲数据保护监管局战略计划（2020—2024年)》	致力于对数据保护趋势法律、社会和技术背景提供长远判断。描述了欧洲打算如何履行其法定职能，以及如何部署可用的资源来应对信息不对称、虚假信息、操纵、数据泄露等挑战
	2021年	《2020—2024年数据保护战略》	明确EDPS数据保护核心任务，概述未来五年的行动目标和实现路径，并提出在数字世界要坚持欧洲价值观
	2021年	《2030数字罗盘：欧洲数字十年之路》	对欧盟2030年要实现的数字能力目标进行具体化，涵盖数字化教育与人才建设、数字基础设施、企业数字化和公共服务数字化四方面
	2022年	《数据治理法案》	规定特殊类别公共数据共享和再利用制度，规定数据共享服务基本制度框架，规定数据利他主义相关制度框架
	2022年	《数据法案》	推动构建统一的数据处理服务市场。对数据持有者和接收者需要履行的权利和义务做出明确规范，确保数据环境的公平性

（续）

国家/组织	发布日期及发布单位	名称	网络/数据安全相关的核心内容
日本	1985 年	《电信事业法》	规定了电信业务、电信设施、普遍服务提供措施、电信业务批准和土地使用、电信业务争端解决和仲裁等方面的内容
	2000 年	《禁止未经授权的计算机访问法》	禁止在未授权的情形下，使用计算机来阻止犯罪行为的重复与延续，维护通信相关的秩序
	2003 年	《个人信息保护法》	对个人数据进行明确定义，规定政府部门要对个人数据处理进行管控及相应违规的处理办法，同时规范了国际数据传输的相关细节
	2003 年	《行政机关个人信息保护法》	定义涉及的行政机关，规定行政机关必须保证个人数据安全，同时规定行政机关有权利对日本公民的数据进行存储和处理
	2014 年	《网络安全基本法》	新设以内阁官房长官为首的"网络安全战略本部"，协调各政府部门的网络安全对策。且规定电力、金融等重要社会基础设施运营商、网络相关企业、地方自治体等有义务配合网络安全相关举措或提供相关情报
	2015 年	《日本个人信息保护法》修订版	修订内容：对个人信息保护分为两条路径，一是"用户同意"的规则，适用于所有个人信息处理者；二是其他个人信息保护规则，以符合"个人数据"为前提，而非适用于所有的个人信息处理者
	2020 年	《日本个人信息保护法》修订版	修订内容：赋予用户更多权利；加重数据处理者的义务；新增假名加工数据处理者的义务；扩大了域外适用范围；加重了对违法行为的惩罚力度

注：信息来源于中国电动汽车百人会车百智库研究院整理。

附录 C　世界主要国家/组织涉及汽车领域数据安全的政策法规汇编

国家/组织	发布日期及发布机构	名称	网络/数据安全相关的核心内容
中国	2016年原国家测绘地理信息局	《关于加强自动驾驶地图生产测试与应用管理的通知》	规定自动驾驶地图的数据采集、编辑加工和生产制作属于测绘行为，必须由具有导航电子地图制作测绘资质的单位承担
	2020年国家发展和改革委员会等十一部委	《智能汽车创新发展战略》	要求搭建软硬件结合的安全防护体系，加强车机系统、车载芯片、操作系统、应用软件等安全设计和安全检测等
	2021年国家网信办等	《汽车数据安全管理若干规定（试行）》	明确了汽车数据、汽车数据处理及处理者的定义和范围，提出了汽车数据处理的一般要求和倡导原则，规定了处理个人信息和敏感信息的具体要求、处理重要数据的具体制度，同时，明确了汽车数据安全监督管理和保障的具体措施和汽车数据处理者的法律责任
	2021年工业和信息化部	《智能网联汽车生产企业及产品准入管理指南（试行）》	提出加强数据和网络安全管理能力。明确企业应当建立健全汽车数据安全管理制度、依法履行数据安全保护义务，建设数据安全保护技术措施，落实数据安全风险评估、数据安全事件报告等要求等
	2021年工业和信息化部	《关于加强车联网网络安全和数据安全工作的通知》	提出要健全完善车联网安全保障体系，建立管理制度落实安全主体责任，落实安全漏洞管理责任，提倡"谁主管、谁负责，谁运营、谁负责"原则，加强数据分类分级管理
	2021年工业和信息化部装备工业发展中心	《关于开展汽车数据安全、网络安全等自查工作的通知》	要求整车企业对汽车数据处理、数据安全管理、汽车网络安全等情况进行自查
	2022年工业和信息化部	《车联网网络安全和数据安全标准体系建设指南》	数据安全标准主要规范智能网联汽车、车联网平台、车载应用服务等数据安全和个人信息保护要求，包括通用要求、分类分级、出境安全、个人信息保护、应用数据安全五类标准

(续)

国家/组织	发布日期及发布机构	名称	网络/数据安全相关的核心内容
中国	2022年工业和信息化部	《工业和信息化领域数据安全管理办法（试行）》	重点解决工业和信息化领域数据安全"谁来管、管什么、怎么管"的问题。确定工业和信息化领域数据的监管范围和职责，确定数据分类分级管理，围绕数据处理全生命周期提出差异化管理和保护要求等
	2022年工业和信息化部等五部委	《关于进一步加强新能源汽车企业安全体系建设的指导意见》	提出企业要明确安全管理的负责部门，完善安全管理制度规范，定期开展安全教育培训，加强事故响应处置能力
	2022年自然资源部	《关于促进智能网联汽车发展维护测绘地理信息安全的通知》	对智能网联汽车涉及的测绘地理信息数据采集和管理等相关法律法规政策的适用与执行问题进行了明确
美国	2017年众议院	《自动驾驶法案》	该法案从管理、安全标准的制定、系统网络安全的构建、检测和评估、隐私保护等方面为监管确立了基本框架
	2020年交通部	《确保美国自动驾驶领先地位：自动驾驶汽车4.0》	明确保护用户和社区团体安全和隐私的原则性要求，并未明确汽车数据管理细则
	2022年交通部国家公路交通安全管理局	《现代车辆安全性的网络安全最佳实践》	对2016年版进行了更新，分为通用网络安全最佳实践和安全技术最佳实践，包括数据加密、安全传输的建议
欧盟	2011年	《欧盟一体化交通白皮书》	提出重点发展车辆智能安全、信息化以及交通安全管理；技术方面，要重点研究信息安全与可靠性，并进行大规模示范应用与验证
	2018年	《欧盟智能与网联车辆战略》	提出所有车联网产生数据都被视为是个人数据
	2018年	《通往自动化出行之路：欧盟未来出行战略》	欧盟委员会可根据已发布的证书和安全政策指南，在车辆与道路安全和交通管理相关信息基础设施之间，进行安全可靠通信所需的欧盟范围通用网络安全基础设施和流程试点

（续）

国家/组织	发布日期及发布机构	名称	网络/数据安全相关的核心内容
欧盟	2019 年欧盟网络安全局	《智能汽车安全的良好实践》	促进欧洲智能网联汽车网络安全。梳理互联和自动驾驶汽车生态系统的详细资产和威胁分类；改善网联和自动驾驶汽车网络安全具体可行的良好做法；促进与现有立法、标准化和政策举措的协调
欧盟	2021 年欧洲数据保护委员会	《车联网个人数据保护指南》	阐释了车联网在不同场景下的隐私保护和数据风险以及应对措施，对网联汽车个人信息保护涉及的数据主体、数据控制者、数据处理者、数据接收方、数据处理，以及各方的权责与义务都进行了明确定义。在《指南》中针对三类数据提出相应的处理原则：一是地理位置数据；二是生物识别数据；三是可以揭露犯罪或其他违法行为的数据
日本	2016 年日本警察厅	《自动驾驶汽车道路测试指南》	明确规定自动驾驶汽车道路测试必须满足的条件，规定必须保留测试时产生的各种数据，且要满足《网络安全基本法》的规定，切实采取网络安全防护措施确保自动驾驶系统安全
日本	2018 年国土交通省	《自动驾驶汽车安全技术指南》	自动驾驶汽车必须保证其内部网络和数据安全。如果自动驾驶汽车无法保证其自身的网络安全和数据安全，将无法进行道路测试，也无法取得日本监管机构的认证和商用资格。规定自动驾驶汽车需搭载数据记录装置，用于无人驾驶移动服务的车辆安全性评价，以及向自动驾驶汽车使用者提供信息

注：信息来源于中国电动汽车百人会车百智库研究院整理。

附录 D　我国汽车领域数据安全标准汇编

标准类型	标准号	归口单位	名称	网络/数据安全相关的核心内容
国家标准	GB/T 41871—2022	全国信息安全标准化技术委员会	《信息安全技术　汽车数据处理安全要求》	规定了汽车数据处理者对汽车数据进行收集、传输等处理活动的通用安全要求、车外数据安全要求、座舱数据安全要求和管理安全要求。适用于汽车数据处理者开展汽车数据处理活动，适用于汽车的设计、生产、销售、使用和运维，也适用于主管监管部门和第三方评估机构等对汽车数据处理活动进行监督、管理和评估
	GB/T 41578—2022	全国汽车标准化技术委员会	《电动汽车充电系统信息安全技术要求及试验方法》	规定了电动汽车充电系统信息安全技术要求和试验方法。适用于电动汽车充电系统信息安全技术的设计、开发与试验
	GB/T 42017—2022	全国信息安全标准化技术委员会	《信息安全技术　网络预约汽车服务数据安全要求》	规定了网络预约汽车服务的收集、存储、使用、加工、提供、公开、出境等数据处理活动的安全要求。适用于网络预约汽车服务提供者规范数据处理活动，也可为监管部门、第三方评估机构对网络预约汽车服务数据处理活动进行监督、管理、评估提供参考
	GB/T 40861—2021	全国汽车标准化技术委员会	《汽车信息安全通用技术要求》	基于汽车信息安全风险危害及诱因，规定了汽车信息安全原则要求、系统性防御策略要求等基础技术要求，并从真实性、保密性、完整性、可用性、访问可控性、抗抵赖性、可核查性、可预防性八个维度针对子保护对象制定具体技术要求。适用于M类和N类汽车整车及其电子电气系统和组件
	GB/T 40855—2021	全国汽车标准化技术委员会	《电动汽车远程服务与管理系统信息安全技术要求及试验方法》	规定了电动汽车远程服务与管理系统的信息安全要求及试验方法。适用于纯电动汽车、插电式混合动力电动汽车和燃料电池电动汽车的车载终端、车辆企业平台和公共平台之间的数据通信

（续）

标准类型	标准号	归口单位	名称	网络/数据安全相关的核心内容
国家标准	GB/T 40856—2021	全国汽车标准化技术委员会	《车载信息交互系统信息安全技术要求及试验方法》	规定了车载信息交互系统硬件、通信协议与接口、操作系统、应用软件、数据的信息安全技术要求与试验方法。适用于指导整车厂、零部件供应商、软件供应商等企业开展车载信息交互系统信息安全技术的设计开发、验证与生产等工作
	GB/T 40857—2021	全国汽车标准化技术委员会	《汽车网关信息安全技术要求及试验方法》	规定了汽车网关产品硬件、通信、固件、数据的信息安全技术要求及试验方法。适用于汽车网关产品信息安全的设计与实现，也可用于产品测试、评估和管理
	GB/T 38628—2020	全国信息安全标准化技术委员会	《信息安全技术 汽车电子系统网络安全指南》	给出了汽车电子系统网络安全活动框架，以及在此框架下的汽车电子系统网络安全活动、组织管理和支撑保障等方面的建议。适用于指导整车厂、零部件供应商、软件供应商、芯片供应商以及各种服务提供商等汽车电子供应链上各组织机构开展网络安全活动，指导相关人员在从事汽车电子系统的设计开发、生产、运行和服务等过程中满足基本的网络安全需求
	GB/T 37376—2019	全国智能运输系统标准化技术委员会	《交通运输数字证书格式》	在国家对数字证书分类的基础上，结合交通运输信息系统各类应用场景，重点考虑了智能交通系统应用中，各类数据安全服务对数字证书长度、运算效率等方面的要求，规定交通运输信息系统中数字证书分类和数字证书格式。适用于交通运输信息系统中与数字证书应用相关的软硬件系统设计、研发及测试
	GB/T 32960.1—2016	全国汽车标准化技术委员会	《电动汽车远程服务与管理系统技术规范 第1部分：总则》	规定了电动汽车远程服务管系统术语和定义、系统结构和一般要求。适用于纯电动汽车、插电式混合动力电动汽车和燃料电池电动汽车的车载终端、车辆企业平台和公共平台之间的数据通信

（续）

标准类型	标准号	归口单位	名称	网络/数据安全相关的核心内容
国家标准	GB/T 32960.2—2016	全国汽车标准化技术委员会	《电动汽车远程服务与管理系统技术规范 第2部分：车载终端》	规定了电动汽车远程服务与管理系统车载终端的技术要求和试验方法。适用于集成式和单体式车载终端
	GB/T 32960.3—2016	全国汽车标准化技术委员会	《电动汽车远程服务与管理系统技术规范 第3部分：通信协议及数据格式》	规定了电动汽车远程服务与管理系统中协议结构、通信连接、数据包结构与定义、数据单元格式与定义。适用于电动汽车远程服务与管理系统中平台间的通信，车载终端至平台的传输可参照执行
	—	全国汽车标准化技术委员会	《智能网联汽车 数据通用要求》（征求意见稿）	规定了智能网联汽车数据的一般要求、个人信息保护要求、重要数据保护要求、审核评估要求等。适用于智能网联汽车及其数据处理者
	—	全国信息安全标准化技术委员会	《信息安全技术 网络预约汽车服务数据安全指南》（征求意见稿）	给出了网络预约汽车服务运营者开展服务时数据收集、存储、使用、共享、公开披露、删除的数据类型、范围、方式和条件，以及数据安全管理要求。适用于网络预约汽车服务运营者加强数据安全保护，也适用于国家主管部门、第三方评估机构等对网络预约汽车服务数据活动进行监督、管理和评估
	—	全国汽车标准化技术委员会	《汽车诊断接口信息安全技术要求》（征求意见稿）	规定了汽车诊断接口的信息安全架构、信息安全技术要求与试验方法。适用于M类、N类汽车，其他类型车辆可参照执行
	—	全国汽车标准化技术委员会	《汽车软件升级通用技术要求》（征求意见稿）	规定了汽车软件升级的管理体系要求、车辆要求、试验方法、车辆型式的变更和扩展、说明书。适用于M类、N类汽车，其他车辆类型可参照执行

（续）

标准类型	标准号	归口单位	名称	网络/数据安全相关的核心内容
国家标准	—	全国汽车标准化技术委员会	《汽车整车信息安全技术要求》（征求意见稿）	规定了汽车整车信息安全技术要求及试验方法，主要包括外部访问点安全、车辆内部网络通信安全、汽车智能网联功能安全、基于信息安全支撑功能安全以及数据安全，并给出相关测试方法。适用于M类、N类及至少装有1个电控单元的O类汽车整车
行业标准	YD/T 3594—2019	中国通信标准化协会	《基于LTE的车联网通信安全技术要求》	规定了基于LTE的车联网通信安全的总体技术要求、接口安全要求和安全过程。适用于基于LTE的车联网通信系统
行业标准	YD/T 3737—2020	中国通信标准化协会	《基于公众电信网的联网汽车信息安全技术要求》	规定了基于公众电信网的联网汽车安全技术要求，包括TSP安全、App安全、通信安全、终端安全、CAN总线安全。适用于联网汽车系统设计、开发、测试、运行维护等环节
行业标准	YD/T 3746—2020	中国通信标准化协会	《车联网信息服务 用户个人信息保护要求》	规定了车联网信息服务用户个人信息保护的信息内容分类、敏感性分级和分级保护要求。适用于车联网相关的汽车厂商、零部件和元器件供应商、软件提供商、数据内容提供商和服务提供商等在提供服务过程中的用户个人信息保护
行业标准	YD/T 3750—2020	中国通信标准化协会	《车联网无线通信安全技术指南》	给出了车联网通信应用场景下无线通信（如车内通信、车车通信、车路通信、车人通信和车平台通信）应用中各通信对象之间进行无线通信的安全指南，规定了车联网无线通信的安全框架、安全威胁、安全要求等内容。适用于车联网无线通信相关设备、产品，不包含使用非授权频段通信的设备
行业标准	YD/T 3751—2020	中国通信标准化协会	《车联网信息服务 数据安全技术要求》	规定了车联网服务过程中数据生命周期内保护的总体安全保护要求。适用于汽车厂商、零部件供应商、第三方供应商、车联网服务提供商、4S店、维修厂等车联网信息服务数据提供者或数据使用者的信息服务系统

（续）

标准类型	标准号	归口单位	名称	网络/数据安全相关的核心内容
行业标准	YD/T 3752—2020	中国通信标准化协会	《车联网信息服务平台安全防护技术要求》	针对车联网信息服务平台对于安全防护方面的需求，规定了车联网信息服务平台的安全防护的总体技术要求，主要包括基础设施安全、平台安全和应用服务安全等。适用于车联网信息服务平台
团体标准	T/CSAE 211—2021	中国汽车工程学会	《智能网联汽车数据共享安全要求》	给出了智能网联汽车数据分类、分级、数据类型，规定了数据安全等级。适用于生产智能网联汽车的各车厂单位以及拥有大量汽车数据的第三方行业，包括保险公司、二手车平台、车管所等
团体标准	T/CAAMTB 77—2022	中国汽车工业协会	《汽车传输视频及图像脱敏技术要求与方法》	规定了车辆向车外提供收集的车外视频、图像时应满足的有关人脸、车牌信息的格式要求、样本质量要求，以及脱敏功能要求、性能要求、测试方法和脱敏结果评估。适用于在车端采集并通过移动互联网向车外传输的视频及图像中人脸和车牌数据的脱敏，其他数据脱敏可参照使用
团体标准	T/IAC 27—2019	中国保险行业协会	《机动车保险车联网数据采集规范》	规定了基于机动车保险经营管理应用的车联网数据采集工作中所涉及的主要术语及基础数据的范围、类型、精度等方面的内容，同时规定了数据有效性、合理性、真实性的验证机制。适用于保险公司、汽车生产企业、车联网科技企业的车联网数据采集及共享工作，并适用于保险公司的机动车保险经营管理工作
团体标准	T/CAAMTB 34—2021	中国汽车工业协会	《智能网联汽车数据格式与定义》	规定了智能网联汽车采集并经过处理后的数据格式和定义。适用于可采集和回传数据的智能网联汽车和车载后装数据采集系统

（续）

标准类型	标准号	归口单位	名称	网络/数据安全相关的核心内容
团体标准	—	中国汽车工业协会	《智能网联汽车数据安全评估指南》（征求意见稿）	给出了智能网联汽车数据安全风险评估和数据安全合规性评估的实施流程和评估方法，数据出境安全评估参照后续法规标准执行。适用于智能网联汽车相关组织自行开展数据安全评估工作，也可为主管部门、第三方测评机构等组织开展智能网联汽车数据安全检查、评估、监督等工作提供参考

参考文献

[1] 中国汽车工程研究院股份有限公司，车联网安全联合实验室. 智能网联汽车网络安全与数据安全发展报告（2022）[M]. 北京：社会科学文献出版社，2022.

[2] 王春晖. 构建"以人为本"的个人信息保护法律制度[J]. 中国信息安全，2021（5）：41-44.

[3] 王春晖. 坚决遏制 App 超范围收集个人信息乱象[J]. 中国电信业，2021（4）：63-65.

[4] 于晓洋，何波. 从《数据安全法》看我国数据安全治理制度与走向[J]. 互联网天地，2021（9）：15-20.

[5] 陈东，赵正，童楠楠，等. 数据长城：国家数据资源储备体系的构建思路与实现路径[J]. 电子政务，2021（6）：11-19.

[6] 王春晖.《网络安全法》六大法律制度解析[J]. 南京邮电大学学报（自然科学版），2017，37（1）：1-13.

[7] 秦志媛，黎宇科，刘宇，等. 2021 年智能汽车网络安全与数据安全政策法规综述[J]. 汽车与配件，2021（18）：29-33.

[8] 胡秋平. 我国汽车行业信息化中安全问题思考[J]. 信息网络安全，2010（7）：51-53.

[9] 邱彬，李广友. 智能网联汽车数据安全管理研究[J]. 汽车工程学报，2022（3）：307-313.

[10] 于晓丹. 智能网联汽车数据安全管理分析[J]. 汽车测试报告，2022（12）：119-121.

[11] 李雅琪，余雪松，温晓君. 加强智能网联汽车数据安全管理刻不容缓[J]. 网络安全和信息化，2021（9）：43-44.

[12] 马胜强. 智能网联汽车数据安全风险与控制[J]. 时代汽车，2021（24）：28-29.

[13] 张进华. 汽车领域"监管沙盒"的国际经验及启示[J]. 中国质量监管，2022（4）：90-93.

[14] 毕颖，杨紫瑶，董昭瑜，等. 我国智能网联汽车企业重要数据安全的法律保护[J]. 工业信息安全，2022（5）：56-64.

[15] 余晓晖. 构筑顶层设计 开创工业和信息化领域数据安全管理新格局[J]. 互联网天地，2022（12）：3-5.

[16] 工业和信息化部网络安全管理局. 网络安全管理局在京召开重点互联网企业贯彻落实《数据安全法》座谈会[EB/OL].（2021-07-30）[2023-05-01]. https：//www.

miit. gov. cn/xwdt/gxdt/sjdt/art/2021/art – 7049a30c7bcc43c0b611028def52e726. html.

[17] 张勇. 智能网联汽车数据安全认识与思考 [J]. 时代汽车, 2022 (9): 7–9.

[18] 李世辉. 工信部: 加快推动智能网联汽车产业创新发展 [J]. 中国设备工程, 2020 (23): 1.

[19] 赵福全, 刘宗巍, 郝瀚, 等. 中国实现汽车强国的战略分析和实施路径 [J]. 中国科技论坛, 2016 (8): 45–51.

[20] 王春晖. "互联网+" 法治政府建设 (专题讨论之二) —— "互联网+" 法治政府建设研究述评 [J]. 黑龙江社会科学, 2017 (3): 105–112.

[21] 王艳辉. 由 GDPR 合规引发的大数据时代下隐私保护问题探讨 [C] // 中国人工智能学会中国互联网协会. 2018 中国互联网安全大会, 论文集. [出版地不详: 出版者不详], 2018.

[22] 信息化百人会. 左晓栋: 如何理解我国当前的数据出境安全管理制度 [J]. 上海质量, 2022 (9): 29–30.

[23] 潘妍, 余宇舟, 许智鑫. 基于区块链技术的智能网联汽车数据跨境安全研究 [J]. 中国汽车, 2021 (7): 38–43.

[24] 吴沈括. GDPR 正式生效实施 [J]. 信息安全与通信保密, 2018 (6): 10.

[25] 洪延青. 数据竞争的美欧战略立场及中国因应——基于国内立法与经贸协定谈判双重视角 [J]. 国际法研究, 2021 (6): 69–81.

[26] 洪延青. 解锁 GDPR 的正确姿势: 风险路径 [J]. 中国信息安全, 2018 (7): 38–40.

[27] 刘文杰. 美欧数据跨境流动的规则博弈及走向 [J]. 国际问题研究, 2022 (6): 65–78.

[28] 方禹. 日本个人信息保护法 (2017) 解读 [J]. 中国信息安全, 2019 (5): 81–83.

[29] 刘颖. 日本个人信息保护法 [J]. 北外法学, 2021 (2): 224–263.

[30] 日本信息处理推进机构. 数字相关先进技术的制度政策动向调查报告 [R/OL]. (2022 – 12 – 28) [2023 – 05 – 01]. https://www.ipa.go.jp/digital/chousa/seido-seisaku/seidos eisaku_2022.html.

[31] 蔡莉妍. 区块链环境下个人数据权利保护的困境与突破——以欧盟《一般数据保护条例》为例 [J]. 北京航空航天大学学报 (社会科学版), 2022, 35 (6): 43–52.

[32] KORNELIUK Y, SEREDYNSKA Y. Comparative characteristics of legal regulation of personal data protection in the US and Europe: CCPA vs GDPR [J]. Вісник Національного університету "Львівська політехніка", 2020, 27 (3): 72–77.

[33] JORDAN S, NAKATSUKA Y, OZTURK E, et al. VICEROY: GDPR –/CCPA – compliant enforcement of verifiable accountless consumer requests [C] //Network and Distributed System

Security (NDSS) Symposium 2023. [s. l.: s. n.], 2023.

[34] 吴沈括,蔡沛杰.《美国数据隐私与保护法案》制度解读 [J]. 中国审判, 2022 (17): 60 - 63.

[35] BOYNE S M. Data protection in the United States [J]. The American Journal of Comparative Law, 2018 (66): 299 - 343.

[36] 刘克佳. 美国保护个人数据隐私的法律法规及监管体系 [J]. 全球科技经济瞭望, 2019, 34 (4): 4 - 11.

[37] 郑琳. 美国《澄清海外合法使用数据法》及其影响与启示 [J]. 现代情报, 2021, 41 (1): 130 - 136.

[38] 张露予. 美国联邦贸易委员会2018年隐私与数据安全报告 [J]. 网络信息法学研究, 2019 (1): 311 - 331.

[39] 盛小平,唐筠杰. 我国个人信息权利与欧盟个人数据权利的比较分析:基于《个人信息保护法》与GDPR [J]. 图书情报工作, 2022, 66 (6): 26 - 33.

[40] 魏薇,李晓伟,张媛媛,等. 国际数据跨境流动管理制度及对我国的启示 [J]. 保密科学技术, 2020 (4): 23 - 26.

[41] 周千荷,吕尧,李霖,等. 关于欧盟《车联网个人数据保护指南》的几点思考 [J]. 智能网联汽车, 2021 (2): 64 - 67.

[42] 中汽数据有限公司. 2022汽车网络安全管理体系框架与评价白皮书 [Z]. 2022.

[43] 毕马威中国,观韬中茂律师事务所. 车联网数据安全监管制度研究报告2022 [R/OL]. (2022 - 03 - 07) [2023 - 05 - 01]. https://assets.kpmg.com/content/dam/kpmg/cn/pdf/zh/2022/03/data-security-regulations-internet-vehicles-2022.pdf.

[44] 刘耀华. 强化重要数据和核心数据保护《数据安全法》构建数据分类分级制度 [J]. 中国电信业, 2021 (9): 57 - 59.

[45] 张敏,魏伟,谭天怡,等. 数据分类分级及其发展路径研究 [J]. 网络安全与数据治理, 2022, 41 (7): 18 - 22.

[46] 张峰,于乐,马禹昇,等. 数据安全分类分级研究与实践 [J]. 电信网技术, 2021 (8): 45 - 50.

[47] 刘宇,黎宇科,刘洋洋,等. 对自动驾驶汽车数据分类分级的思考 [J]. 汽车与配件, 2021 (18): 40 - 42.

[48] 王艳艳,桂丽,蔡亚芬. 车联网用户数据保护评估研究 [J]. 信息通信技术与政策, 2020 (8): 68 - 71.

[49] 谢忱. 大数据背景下的数据确权问题研究 [D]. 北京:北京邮电大学, 2021.

[50] 何柯，陈悦之，陈家泽. 数据确权的理论逻辑与路径设计 [J]. 财经科学，2021（3）：43-55.

[51] 常欣，郭宏. 数据确权的困境与解决路径 [J]. 法制博览，2021（30）：71-72.

[52] 张丽英. 数据确权助力优化智能汽车产业生态 [J]. 人民交通，2021（11）：68-69.

[53] 赵海乐. 比较法视角下的我国"车联网"数据治理路径选择 [J]. 上海财经大学学报（哲学社会科学版），2021，23（5）：139-152.

[54] 邱彬，李广友. 智能网联汽车数据安全管理研究 [J]. 汽车工程学报，2022（3）：307-313.

[55] 李若兰. 数据安全和产业发展双重视角下的自动驾驶数据规制 [J]. 行政管理改革，2021（8）：79-85.

[56] 欧其健. 论新形势下测绘地理信息安全监管体系的构建 [J]. 地理空间信息，2020，18（2）：84-85.

[57] 陈会仙，程滔，白敬辉，等. 国家互联网地理信息监管现状及趋势研究 [J]. 测绘科学，2016，41（10）：153-158.

[58] 乔朝飞，贾宗仁，徐坤，等. 从国外情况看我国地理信息保密政策调整 [J]. 测绘与空间地理信息，2020（12）：1-4.

[59] 贾宗仁. 自动驾驶汽车里的地图 [J]. 中国测绘，2019（4）：27-31.

[60] 吴佳桐，邹辉东，陈会仙，等. 一种电子地图 POI 的快速安全检查方法和装置：CN202210006648.4 [P]. 2022-04-19.

[61] 于朝晖. 一图读懂《2019年我国互联网网络安全态势综述》[J]. 网信军民融合，2020（4）：29-30.

[62] 360智能网联汽车安全实验室. 智能网联汽车信息安全发展趋势分析 [J]. 智能网联汽车，2020（3）：54-63.

[63] 叶平，郝铁亮，赵德华，等. 从车企的角度对车联网信息安全技术研究 [J]. 汽车实用技术，2019，284（5）：67-71.

[64] BURKACKY O, DEICHMANN J, KLEIN B, et al. Cybersecurity in automotive: Mastering the challenge [R/OL]. (2020-06-22) [2023-05-01]. https://www.mckinsey.com/~/media/mckinsey/industries/automotive%20and%20assembly/our%20insights/cybersecurity%20in%20automotive%20mastering%20the%20challenge/cybersecurity-in-automotive-mastering-the-challenge.pdf.

[65] 刘扬. 关于构建网络信息安全防护体系的研究——基于数据价值视角的大数据监管系统建设的思考 [J]. 电信网技术，2019（2）：52-56.

[66] 张洪天,赵子骏,段希冉. 面向智能网联车的数据保护及解决方案 [J]. 中国电子科学研究院学报, 2021, 16 (7): 705-709.

[67] 杨远达. 智能网联汽车网络安全入侵检测关键技术研究 [D]. 长沙: 湖南大学, 2020.

[68] 郭振,马超,王国良,等. 智能汽车信息安全技术发展现状与展望 [J]. 汽车零部件, 2021 (2): 115-121.

[69] 杨宏. 基于智能网联汽车的 CAN 总线攻击与防御检测技术研究 [D]. 天津: 天津理工大学, 2017.

[70] 张雪明. 应用隐私计算技术实现数据安全 [J]. 网络安全和信息化, 2023 (1): 3-6.

[71] 苏松,赵业海. 区块链技术在汽车行业的应用 [J]. 装备制造技术, 2021 (5): 132-136.

[72] 孙航,解瀚光,王兆. 智能网联汽车信息安全标准体系建设与产业政策研究 [J]. 中国汽车 (英文版), 2018 (12): 38-43.

[73] 王一鸣. 工信部发布"2020 智能网联汽车标准化工作要点" [J]. 世界汽车, 2020 (5): 40-47.

[74] 鹏程,冯静,蔡力兵,等. 车联网安全防护与技术发展趋势研究 [J]. 保密科学技术, 2021 (7): 3-10.

[75] 尚进,倪静波,杜仲,等. 车辆网关信息安全防护的研究 [C]//中国汽车工程学会. 2018 中国汽车工程学会年会论文集. 北京: 机械工业出版社, 2018: 292-296.

[76] 新能源汽车国家大数据联盟,中国汽车技术研究中心有限公司,重庆长安新能源汽车科技有限公司. 中国新能源汽车大数据研究报告 (2018) [M]. 北京: 社会科学文献出版社, 2018.

[77] 赵子军. 团体标准《智能网联汽车数据共享安全要求》联合发布,为促进数据安全与发展提供重要抓手 [J]. 中国标准化, 2021 (15): 43-44.

[78] 邹宏,宋江云. 新模式新业态下的网络安全保险发展研究 [J]. 上海保险, 2022 (5): 18-21.